LEYENDAS DE LA MODA

LOUIS VUITTON

RBA

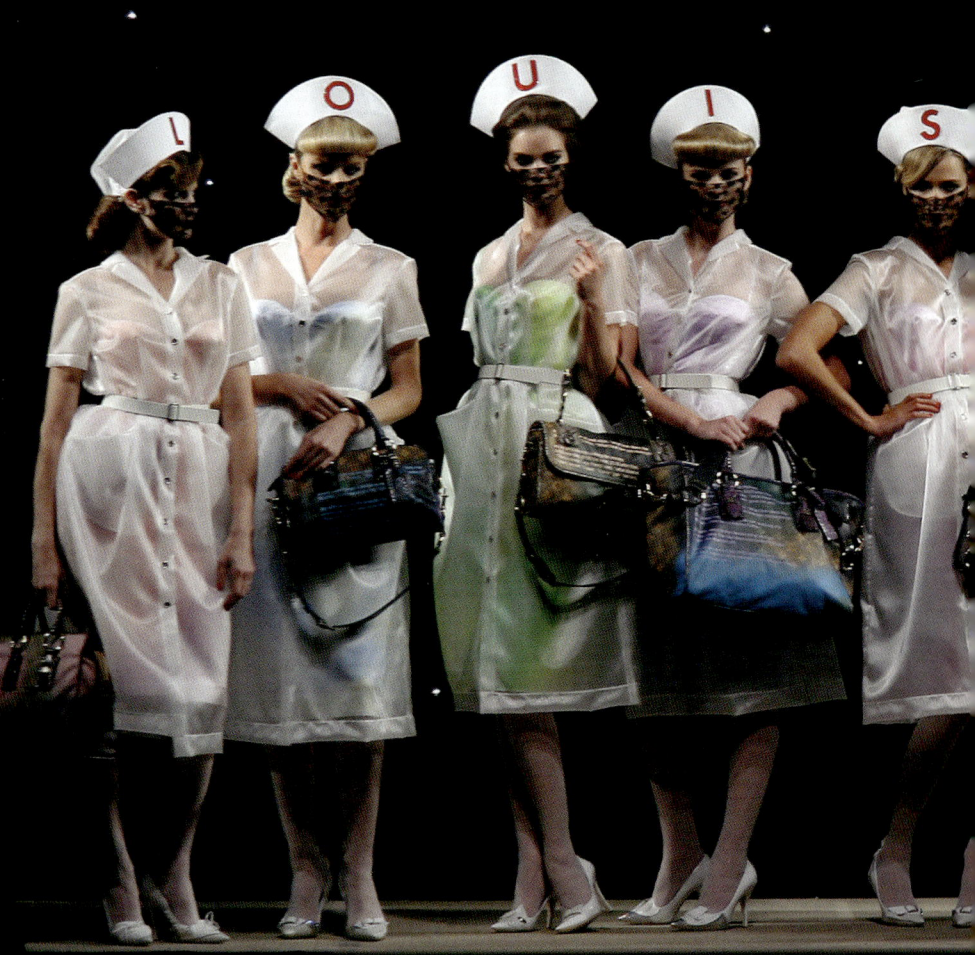

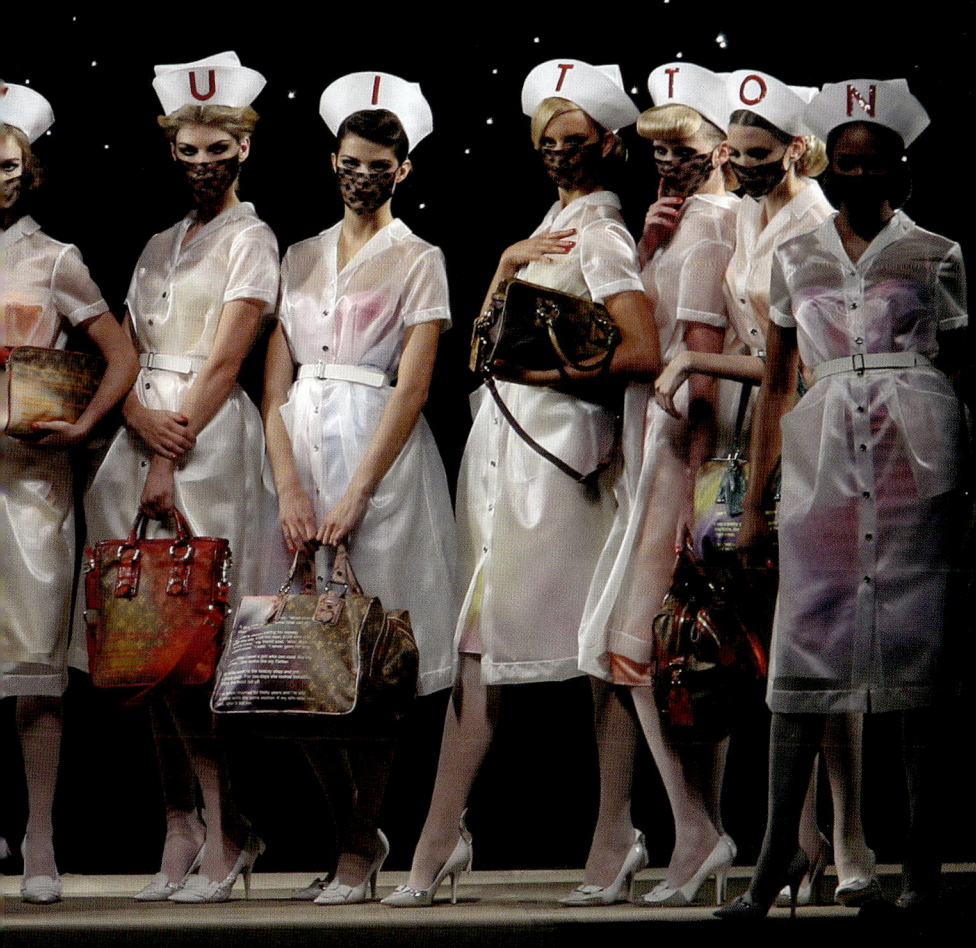

Página anterior

El desfile
Primavera-
Verano 2008 de
Louis Vuitton,
en colaboración
con Richard
Prince, presentó
a las modelos
vestidas de
enfermeras
con batas
transparentes
y mascarillas
estampadas,
acompañadas
por una
vibrante gama
de bolsos,
fusionando arte
y moda en una
puesta en
escena
memorable.

CONTENIDO

6

LOS *MUST* DE LOUIS VUITTON
SEGÚN MITIA BERNETEL

9

EL CREADOR DEL LUJO MODERNO

11

EL ORIGEN DE LA LEYENDA

31

UN ASUNTO DE FAMILIA

49

EL PODER DE LA IMAGEN

65

EL NACIMIENTO DE UN IMPERIO

77

EL SALTO AL MUNDO DE LA MODA

103

NUEVAS VOCES

LONA DAMIER 1888

El emblemático patrón de cuadros, uno de los primeros sellos distintivos de Louis Vuitton.

CANDADOS 19

Herederos de la cerradura tambor creada para sus malet (1886), los candados son un se distintivo de la *maison*, present en muchos de sus bolso

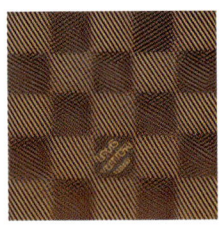

LONA MONOGRAM 1896

Creada por Georges Vuitton en honor a su padre, esta lona con el icónico monograma entrelazado de las letras L y V se ha convertido en uno de los emblemas más codiciados del mundo del lujo.

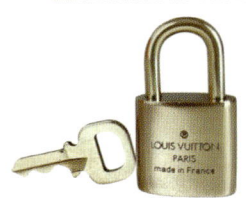

LOS *MUST* DE LOUIS VUITTON

SPEEDY 1930

El Speedy se convirtió en un icono gracias a su versatilidad y a la visibilidad que le dieron celebridades como Audrey Hepburn.

ALMA 1934

La elegancia simétrica y refinada ha hecho de Alma, un bolso de inspiración *art déco* con un diseño estructurado, un clásico atemporal.

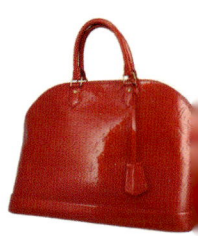

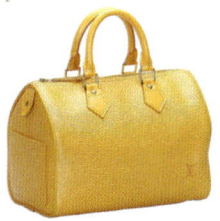

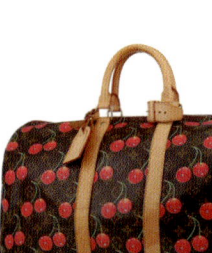

KEEPALL 1930

Esta icónica bolsa de viaje sorprendió en el mundo del equipaje por su diseño flexible y ligero y se convirtió en la compañera ideal del viajero moderno.

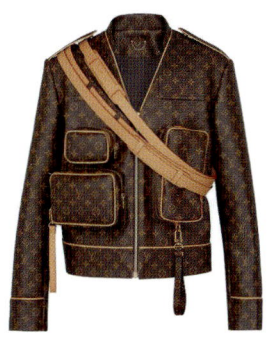

CHAQUETAS PRÁCTICAS Y FUNCIONALES 2019

El *prêt-à-porter* de la *maison* se caracteriza por prendas que combinan la funcionalidad con la elegancia y el lujo, como esta chaqueta de piel con el monograma, edición limitada.

EL ALMA DEL VIAJE 1978

Inherentemente ligado al viaje, Louis Vuitton ha explotado este concepto en sus productos y en sus campañas de *marketing* y comunicación.

EGÚN *Mitia Bernetel*

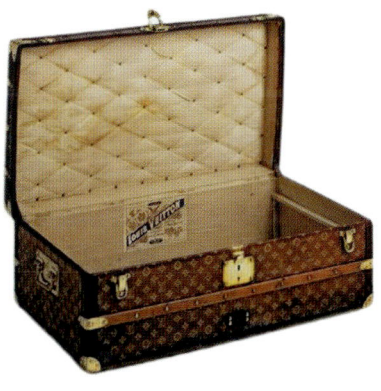

BAÚLES PLANOS 1858

La gran invención del fundador de Vuitton son estos baúles apilables que revolucionaron el equipaje de lujo y marcaron el inicio de la *maison*.

COLECCIONES INNOVADORAS 2004

Manteniendo siempre un equilibrio entre lo clásico y lo contemporáneo, Louis Vuitton fusiona en sus bolsos la herencia artesanal con un enfoque moderno.

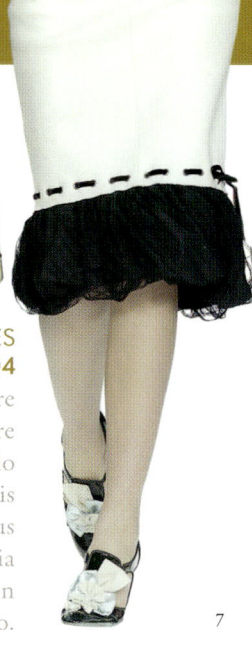

7

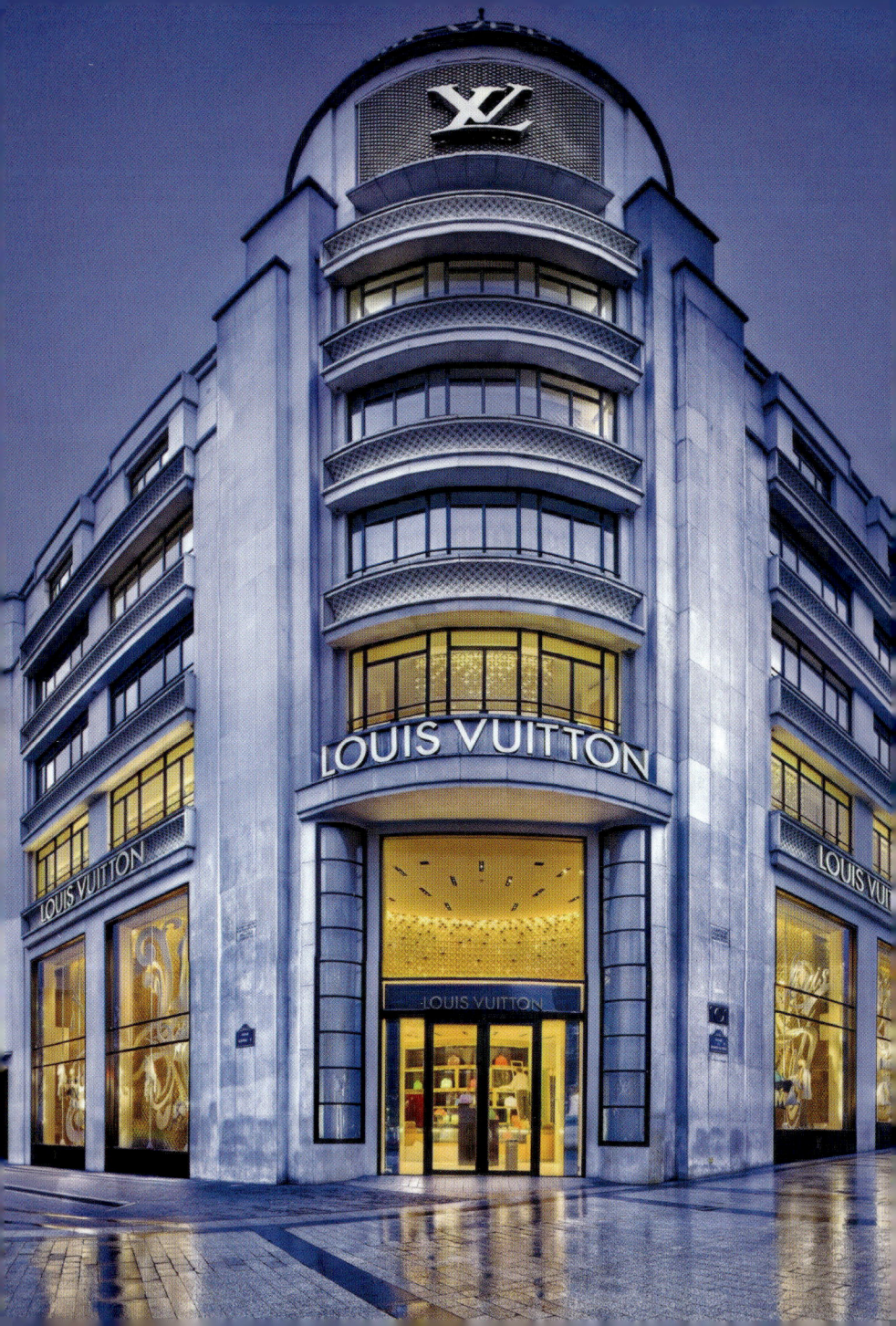

EL CREADOR DEL LUJO MODERNO

Los orígenes de Louis Vuitton se remontan a 1835, cuando un joven de origen campesino del Jura, con un espíritu incansable e innovador, emprendió un viaje a pie hasta París en busca de su destino. Allí, veinte años más tarde, fundó un pequeño taller de equipajes hechos a medida que se convertiría en uno de los imperios más influyentes del mundo de la moda. Desde sus primeros días, la casa destacó por su artesanía meticulosa y su capacidad para innovar, creando productos icónicos como el baúl con lona impermeable y el monograma distintivo que hoy es sinónimo de lujo. Con el paso del tiempo, Louis Vuitton ha sabido reinventarse bajo la dirección de creativos visionarios como Marc Jacobs, Virgil Abloh y Pharrell Williams, quienes han fusionado la herencia artesanal con propuestas vanguardistas. Hoy, la *maison* sigue siendo un símbolo de elegancia atemporal y un referente mundial, y su legado perdura como la cúspide del estilo y la sofisticación.

EL ORIGEN DE LA LEYENDA

La historia del hombre que inventó el lujo moderno comienza con un viaje a pie desde Anchay, una pequeña aldea al este de Francia, hasta París. Era 1835, y Louis Vuitton, un muchacho de trece años, hijo de campesinos y sin educación formal, tomaba la audaz decisión de abandonar su pueblo para probar suerte en la metrópoli. Como en los cuentos de hadas, Louis era huérfano de madre y no se llevaba bien con la segunda esposa de su padre. La vida en su hogar no era fácil, y las historias sobre oportunidades lejanas alimentaban sus sueños.

La travesía por tierra, dadas las circunstancias y medios disponibles para Louis, no debió de ser fácil. Le tomó dos años alcanzar su destino, un tiempo durante el cual trabajó en distintos oficios para ganarse el sustento. Al llegar a París, estaba más que curtido y había comprendido el coste de su decisión. Un joven como él, que había arriesgado todo en una huida hacia delante, no podía permitirse la mediocridad. No se conformaría con un empleo cualquiera, por lo que los mataderos o los muelles del Sena no eran una opción para él. Consciente de las habilidades heredadas de sus antepasados carpinteros y ebanistas, decidió probar suerte en la Rue Saint-Honoré, una de las calles comerciales más importantes y animadas de la ciudad.

Entre los negocios más prósperos de esa arteria comercial se encontraba el taller de *monsieur* Romain Maréchal, un reconocido *layetier-emballeur*, término usado en aquellos días para designar a quienes se dedicaban a fabricar baúles y a empaquetar equipajes para la aristocracia y la realeza, los únicos privilegiados que podían permitirse el lujo de viajar por placer. La falta de instrucción de Louis y su marcado acento de campesino de la región del Jura no impidieron que Maréchal reconociera su talento. El joven poseía cualidades muy valoradas: una destreza excepcional, una atención meticulosa al detalle y una ética de trabajo inquebrantable, nacida de la más estricta necesidad y de un profundo sentido de la supervivencia.

Louis trabajó durante diecisiete años en el taller de Maréchal. Durante este tiempo, no solo aprendió a construir baúles y arcones, sino que también fue testigo de la radical transformación que experimentó la ciudad. París, aún rodeada por murallas medievales, se encontraba en una encrucijada entre su pasado y su futuro. Las estrechas e insalubres callejuelas, herencia de la Edad Media, empezaban a desaparecer y daban paso a los amplios e imponentes bulevares proyectados por el político y urbanista Georges-Eugène Haussmann. La capital

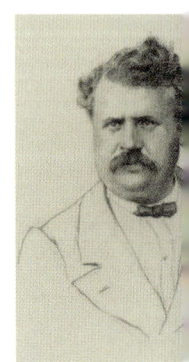

Retrato de Louis Vuitton (1821-1892), el visionario artesano que en 1854 fundó la casa de lujo que lleva su nombre.

estaba modernizando su infraestructura al tiempo que redefinía su identidad, dejando atrás su antiguo rostro para convertirse en la metrópoli elegante y sofisticada que conocemos hoy.

En pleno cambio y vislumbrando el potencial de estos nuevos tiempos, Louis Vuitton decidió dar un paso decisivo. Tras casi dos décadas acumulando conocimiento y experiencia junto a Maréchal, abrió su propio taller en el número 4 de la Rue Neuve-des-Capucines, cerca de la Place Vendôme. Fue en 1894, el mismo año en el que se casó con Clémence-Émilie Parriaux, la hija del dueño de un molino. Su habilidad atrajo rápidamente a una clientela selecta, y Louis se forjó enseguida una sólida reputación. Una reputación lo bastante buena como para captar la atención de una emperatriz.

LA REVOLUCIÓN DEL BAÚL PLANO

Como un auténtico personaje de Balzac, semejante al ambicioso Eugène de Rastignac de *La comedia humana* pero sin ninguno de sus privilegios, Louis Vuitton, recién instalado en el vibrante epicentro de París, estaba decidido a alcanzar el éxito. La sociedad avanzaba y Louis comprendió que el desarrollo de los medios de transporte, y en especial el auge del ferrocarril, abría las puertas a la creación de equipajes más cómodos y aptos para los nuevos tiempos.

Las rutas ferroviarias que conectaban París con otras grandes ciudades permitían a la gente moverse con mayor facilidad, pero también planteaban nuevos desafíos en cuanto al manejo y al almacenamiento del equipaje. Los antiguos baúles, que presentaban tapas abovedadas diseñadas para que el agua resbalara por ellas, resultaban difíciles de apilar y ocupaban un espacio muy valioso en los compartimentos de las nuevas máquinas a vapor. Louis tuvo una idea simple que, como todas las ocurrencias brillantes, resultó revolucionaria: crear un baúl de tapa plana hecho en madera de álamo que pudiera apilarse fácilmente para optimizar el espacio.

Este nuevo modelo de baúl, creado en 1858 y conocido como Malle Courrier, introducía algunas innovaciones más: un revestimiento en lona impermeable de color gris, en lugar del cuero tradicional con el que solían estar recubiertos los antiguos baúles, y unas esquinas y asas metálicas. El resultado fue un objeto que combinaba elegancia, funcionalidad e innovación. Además, tenía un interior meticulosamente diseñado y recubierto por un acolchado que protegía las pertenencias de los viajeros y a la vez permitía colocar fotografías sujetas con alfileres en el interior del baúl. En consecuencia, el modelo Malle Courrier fue un gran éxito.

Para esa época, el desarrollo industrial había propiciado el surgimiento de una burguesía próspera, con ganas y posibilidades de gastar dinero, por lo que los viajes ya no eran exclusivos de la realeza o la aristocracia. La alta burguesía del momento viajaba a espacios termales como Vichy, Aix-les-Bains o Plombières, y a zonas costeras como Deauville o Biarritz, el destino preferido de Eugenia de Montijo, la esposa de Napoleón III. Los baúles de tapa plana y resistentes a la intemperie de Vuitton se convirtieron en indispensables para estos viajeros sofisticados.

Ante el incremento de la demanda y la necesidad de ampliar el negocio, en 1860 Louis trasladó su casa y su fábrica a Asnières-sur-Seine, en las afueras de París, aunque mantuvo su tienda en la ciudad. La nueva ubicación era absolutamente es-

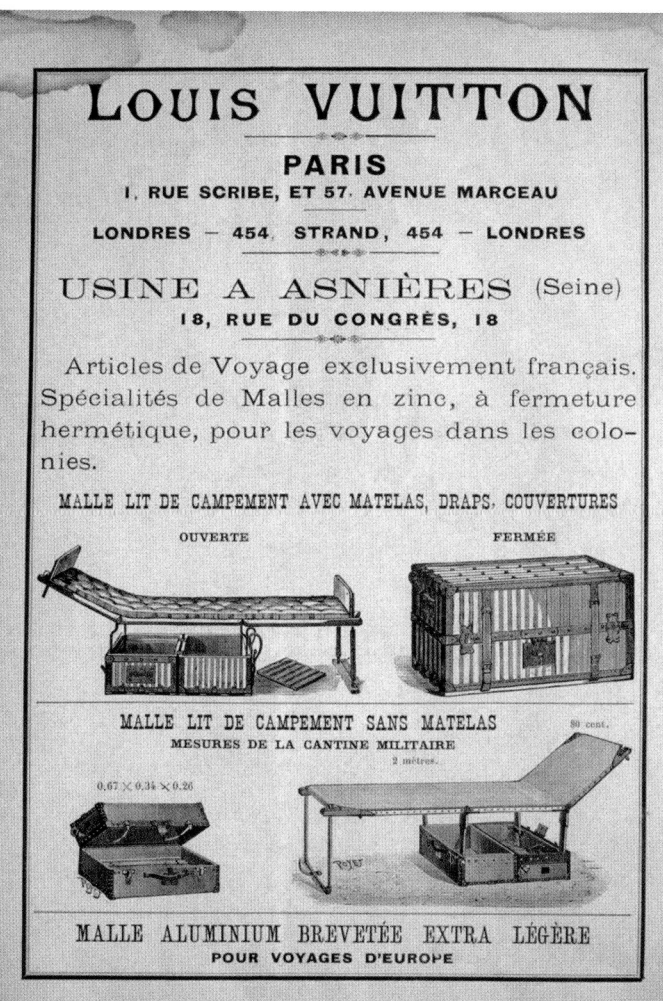

Anuncio publicitario de un baúl-cama Louis Vuitton expuesto en el museo Fondation Louis Vuitton, en París.

tratégica, pues allí se encontraban los clubes de remo más elegantes de la metrópoli y, al mismo tiempo, la ciudad ofrecía un remanso de paz, un lugar luminoso y alegre que evocaba la serenidad y el encanto del cuadro *El almuerzo de los remeros*, de Renoir. En este idílico paraje, Louis Vuitton construyó una elegante casa de estuco blanco y un taller con estructura de hierro, en la línea del estilo del arquitecto Gustave Eiffel.

Al poco tiempo, su clientela se volvió más exclusiva porque, junto a su tienda de la Rue Neuve-des-Capucines, se había establecido el diseñador inglés Charles Worth, considerado hoy día el padre de la alta costura, y las damas que acudían a su atelier a encargar un vestido pasaban por la tienda de Vuitton para adquirir las maletas donde guardarían sus nuevas adquisiciones.

Hacia 1869, Louis Vuitton fue convocado al Palacio de las Tullerías para hacerle un encargo muy especial: preparar y empaquetar el equipaje de la emperatriz Eugenia para su viaje a Egipto con motivo de la inauguración del canal de Suez. El desafío era considerable. Eugenia de Montijo había encargado para la ocasión alrededor de 150 vestidos, muchos de ellos firmados por Charles Worth y adornados con tules y encajes de Alençon y Chantilly, unas prendas suntuosas que debían llegar a su destino en perfectas condiciones.

No era la primera vez que Vuitton trabajaba para la emperatriz Eugenia. Anteriormente, ya se había encargado de embalar su equipaje y de proveer baúles en sus desplazamientos a Biarritz y al castillo de Saint-Cloud. Sin embargo, el viaje de Eugenia de Montijo al canal de Suez con las maletas Vuitton afianzó el prestigio de la marca, allanando el camino para la expansión internacional que tendría lugar en los años posteriores. A partir de ese momento, la casa se convirtió en la elec-

Óleo de 1855 en el que aparece la emperatriz Eugenia de Montijo rodeada de sus damas de compañía. La emperatriz fue una de las clientas más distinguidas de Louis Vuitton y desempeñó un papel crucial a la hora de sellar el futuro de su taller como fabricante de equipajes de lujo para la alta sociedad.

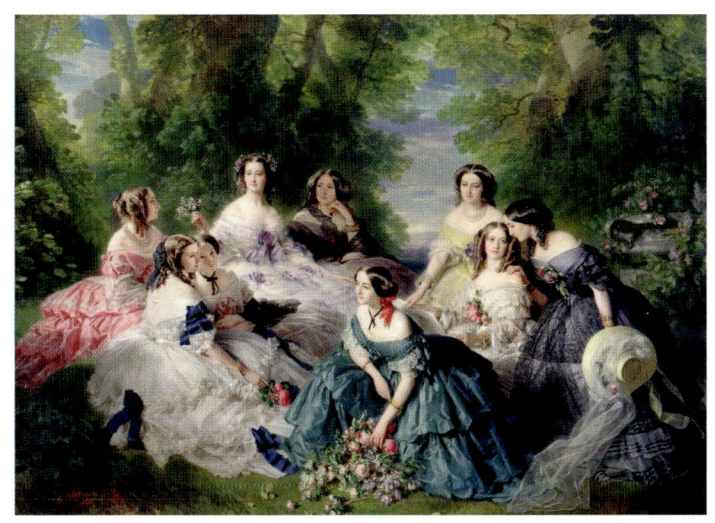

ción preferida de figuras como Ismail Pasha de Egipto, Alfonso XII de España o el gran duque Nicolás, quien más tarde se convertiría en zar de Rusia. Así comenzó a consolidarse la imagen de Louis Vuitton como una marca de lujo, artesanal y estrechamente vinculada a personalidades de las altas esferas.

DOS INICIALES PARA LA HISTORIA

La guerra franco-prusiana, librada entre 1870 y 1871, supuso para Europa, y sobre todo para Francia, un cambio sustancial en la realidad conocida hasta entonces. El conflicto enfrentó a ambas potencias en una lucha por el dominio y la influencia en Europa, y terminó con la derrota gala, la caída del Segundo Imperio y el exilio de Napoleón III a Inglaterra.

Louis Vuitton, al igual que muchos otros, sufrió las terribles consecuencias de la guerra. El asedio de París por parte del ejército prusiano fue devastador. Durante varios meses, la capital francesa estuvo bajo un implacable bombardeo y las condiciones dentro de la ciudad se deterioraron rápidamente. La entrada de las fuerzas enemigas a París marcó el fin de la resistencia y trajo consigo una destrucción generalizada. El taller de Vuitton en Asnières-sur-Seine no fue una excepción. Los soldados saquearon el lugar, llevándose herramientas y otros suministros esenciales. Incluso para una firma próspera como Vuitton, esto representó un golpe devastador, especialmente porque se sumaba a la pérdida del patrocinio de la familia imperial francesa.

Sin embargo, tras la caída del Segundo Imperio y el fin de la guerra franco-prusiana, Francia no tardó en emprender su recuperación. Se instauró la Tercera República y el país se embarcó en un proceso de reconstrucción y modernización. Era momento de mirar hacia delante y Louis Vuitton decidió relanzar su negocio en París, en el número 1 de la Rue Scribe, cerca de la Ópera y del Grand Hotel. A sus 50 años, Louis seguía siendo aquel joven que había cruzado Francia a pie con la firme idea de abrirse camino a toda costa y alcanzar el éxito.

La empresa logró prosperar de nuevo y Louis comenzó a pensar en la continuidad del negocio familiar cuando él ya no estuviera. Su único hijo varón, Georges, estaba destinado a tomar el testigo y continuar con su legado.

Nacido en 1857, Georges se había criado escuchando a los artesanos martillear y serrar tablones de álamo en el taller para los famosos baúles. Era un muchacho inteligente y audaz que había heredado el espíritu emprendedor y trabajador que definía a su padre.

Portada de un catálogo de principios del siglo XX que anuncia la apertura de la nueva tienda de Louis Vuitton en Bond Street, Londres.

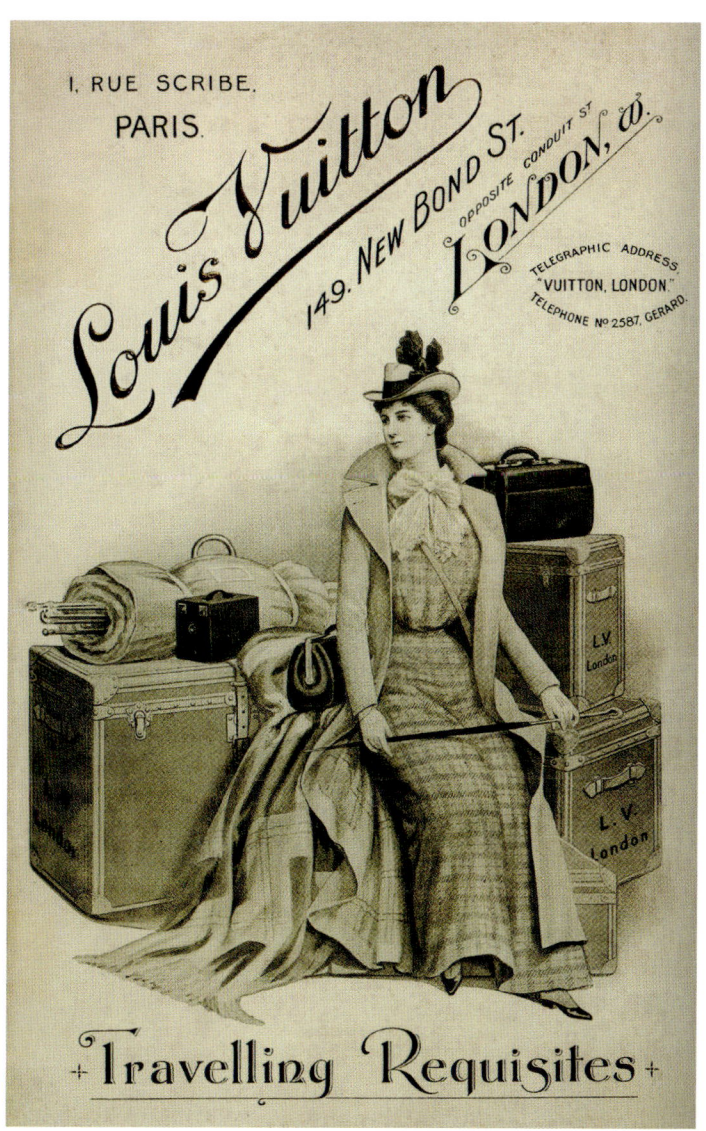

I, RUE SCRIBE,
PARIS.

Louis Vuitton

149, NEW BOND ST.
OPPOSITE CONDUIT ST
LONDON, W.

TELEGRAPHIC ADDRESS
"VUITTON, LONDON"
TELEPHONE Nº 2587, GERARD.

L.V. London

L.V. London

✦ Travelling Requisites ✦

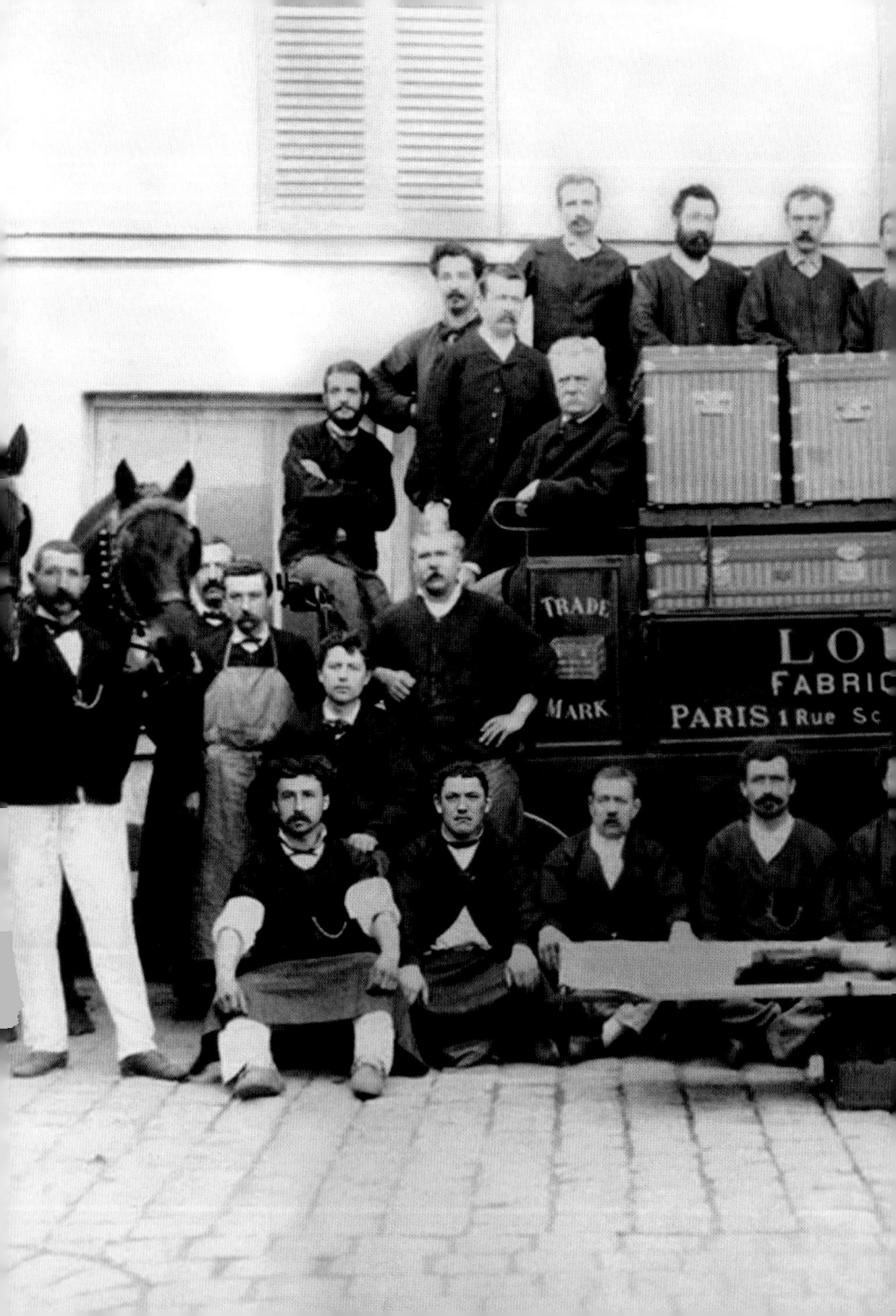

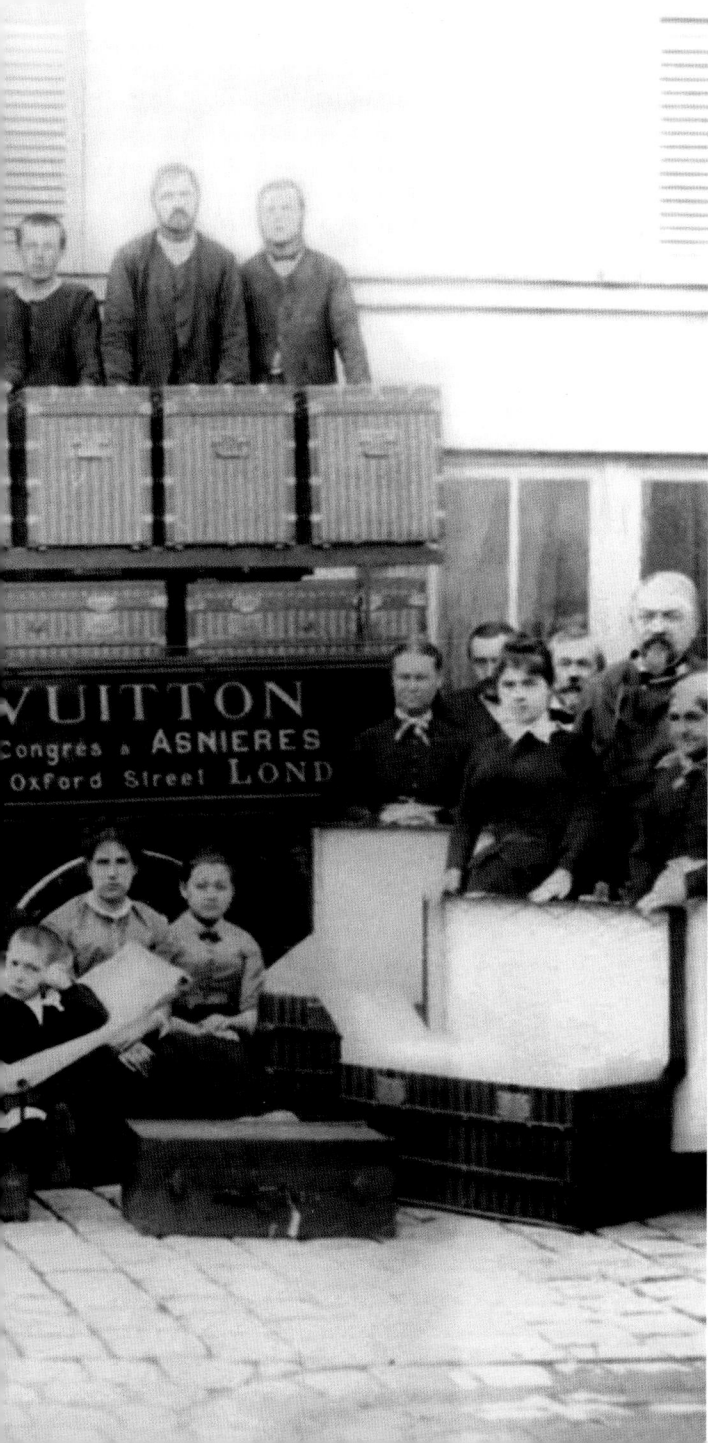

Fotografía de los trabajadores del taller de Asnières-sur-Seine a finales de la década de 1880. El niño recostado sobre el baúl-cama es Gaston-Louis, nieto del fundador Louis Vuitton. En la imagen también se puede ver un camión de reparto y los solicitados baúles de viaje con la lona rayada Rayée, un diseño emblemático de la época que ofrecía mayor protección y distinción para los viajeros.

Con la intención de que Georges se hiciera cargo del negocio en el futuro, Louis lo envió a Inglaterra para que aprendiera inglés, y a su regreso lo puso al frente de la empresa. Georges compartía el amor de su padre por el trabajo bien hecho y tenía una perspectiva aún más clara sobre las necesidades futuras de la firma. Aunque Vuitton no había nacido como una empresa de lujo, sino como una marca que ofrecía soluciones funcionales a los viajeros, la familia imperial había elevado su estatus y Georges sabía que necesitaban nuevas estrategias para consolidarse en el mundo de la alta gama y expandir el negocio a nivel mundial.

Uno de los desafíos más importantes fue combatir las imitaciones, tanto en Francia como en el extranjero, pues a medida que los productos Vuitton ganaban popularidad, surgieron numerosas imitaciones que amenazaban con empañar su reputación. En 1885, Louis inauguró su primera tienda en Londres, lo que marcó un hito significativo en la expansión internacional de la empresa. Tras años de esfuerzo por consolidarse en el mercado anglosajón, los baúles Vuitton, conocidos como los «baúles franceses», alcanzaron tal éxito que otros fabricantes quisieron aprovecharse del prestigio y la exclusividad de la marca y empezaron a copiarlos.

Louis y su hijo Georges habían trabajado a conciencia para que sus baúles y maletas fueran objetos funcionales, prácticos y exclusivos, pero que al mismo tiempo se distinguieran claramente de la competencia. Louis poseía un talento natural para mantenerse al tanto de las tendencias y elegir materiales que se adaptaran a la función de cada producto. En 1875, padre e hijo crearon la Malle Cabine, un baúl de cabina diseñado específicamente para ajustarse a los camarotes de trenes y barcos. Años después, en 1886, inventaron la cerradura de tambor, un sistema

En 1886, Georges Vuitton revolucionó los cierres de equipaje con un innovador mecanismo de seguridad que transformaba los baúles de viaje en verdaderas cajas fuertes (izquierda). Creada en 1896 por Georges Vuitton, la lona Monogram marcó un antes y un después en el equipaje de lujo con su distintivo diseño de flores y las iniciales LV (derecha).

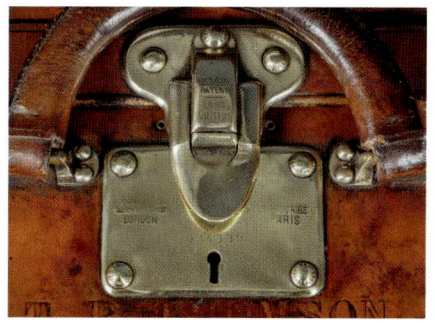
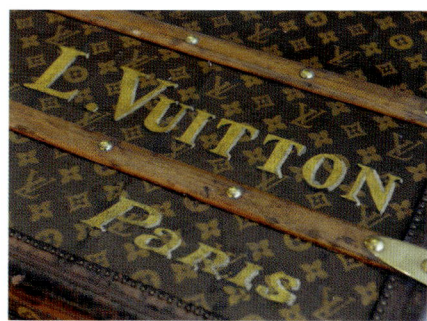

de cierre único y tan efectivo que ni siquiera el famoso escapista Harry Houdini se atrevió a aceptar el desafío de intentar escapar de un baúl Vuitton asegurado con esta cerradura.

Tras tantos años de esfuerzos, era lógico que la prioridad del negocio fuera preservar la exclusividad de sus diseños. Georges comenzó experimentando con diferentes lonas: primero reemplazó la lona Trianon de color gris con una de rayas, y posteriormente con la lona Damier de cuadros. La solución definitiva llegó en 1896, cuatro años después de la muerte de su padre, cuando Georges ideó la icónica lona Monogram. En aquella época, los clientes más distinguidos personalizaban el equipaje con su propio nombre. Georges decidió que a partir de entonces sus productos estarían marcados con las iniciales de su padre, un hombre hecho a sí mismo, nacido en el seno de una familia humilde en una región montañosa de Francia en cuyos valles pastaban los burros. Así nació la lona con el monograma de Vuitton, uno de los primeros logotipos de la industria de la moda.

Este diseño distintivo, que combinaba las iniciales LV con motivos florales inspirados en el arte japonés y en los rosetones de las iglesias góticas, se convirtió en el sello de la marca y fue

EL VALOR DE LA TRADICIÓN

Símbolo indiscutible de la *maison*, la verdadera fuerza de la lona Monogram, creada en 1896, radica en su capacidad para reinventarse sin perder su esencia. A lo largo de más de un siglo, ha sido objeto de múltiples reinterpretaciones que la han mantenido a la vanguardia del diseño. Lo que comenzó como un símbolo de tradición se convirtió en un lienzo para la innovación artística de los directores creativos de la marca, desde Marc Jacobs hasta Pharrell Williams. Afianzada como una de las insignias más reconocidas del lujo mundial, la lona Monogram sigue evolucionando, siempre fiel a su esencia, para adaptarse a los nuevos tiempos y tendencias.

El monograma de Louis Vuitton reimaginado en nuevas formas. A la izquierda, la versión XL. A la derecha, el Monogram Vernis.

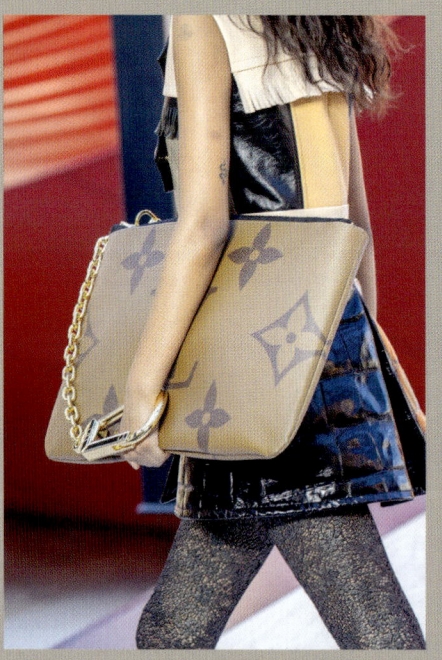
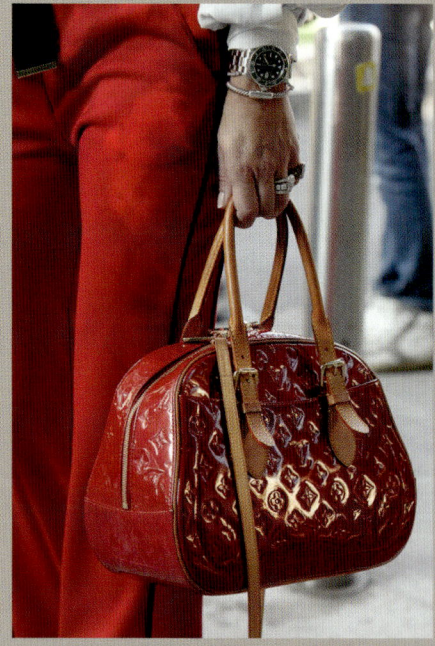

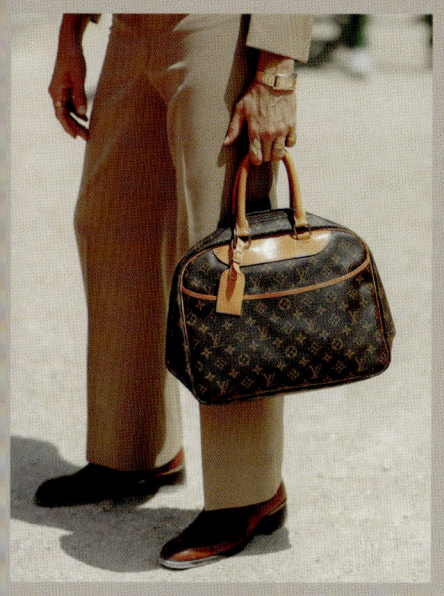

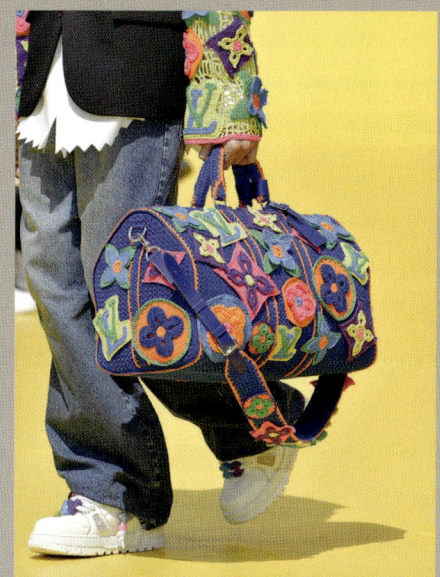

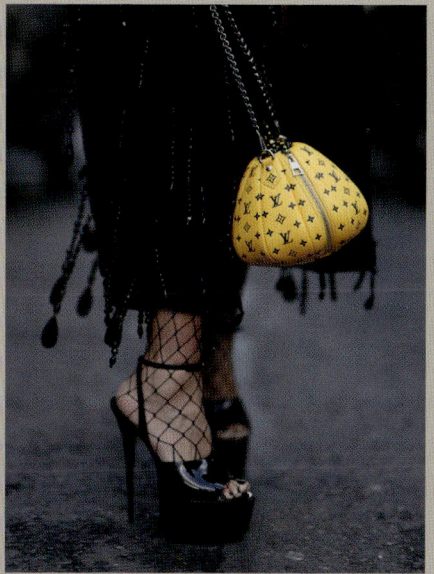

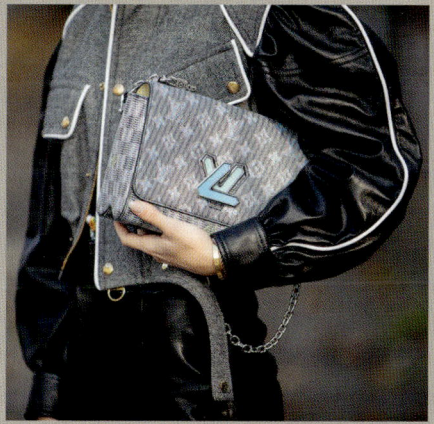

El Monogram es un símbolo de lujo atemporal, tanto en su versión clásica como en sus reinterpretaciones, que fusionan tradición con modernidad y se aplican a los bolsos clásicos y a los nuevos lanzamientos.

una medida verdaderamente efectiva contra las imitaciones. El Monogram fue una auténtica revolución para su época. Bajo la dirección y el talento creativo de Georges Vuitton, este diseño se convirtió en una de las primeras estrategias de *branding* en el mundo de los artículos de lujo, y sentó las bases para lo que hoy se considera un «diseño de lujo».

En definitiva, la marca Louis Vuitton fue pionera en crear elementos visuales, como el Monogram y el patrón de damero, que son estéticamente agradables a la vez que reconocibles de inmediato. Estos distintivos quedaron grabados en la memoria colectiva y se transformaron en símbolos universales de modernidad y exclusividad.

UNA NUEVA COMODIDAD

Al heredar la empresa tras la muerte de su padre, Georges continuó fiel a la tradición manufacturera establecida por Louis Vuitton, cuidando meticulosamente la selección de materiales y manteniendo un estándar de calidad impecable, valores que aún definen a la marca en la actualidad. Sin embargo, su verdadera obsesión era anticiparse al futuro para asegurarse de que la marca no solo se mantuviera relevante, sino que liderara la evolución del lujo.

En línea con esta visión innovadora, Georges comprendió a principios de 1900 que los viajes transatlánticos se estaban convirtiendo en una tendencia clave entre la élite. El desarrollo de la industria naviera y los avances tecnológicos en la construcción de barcos habían hecho que los desplazamientos a larga distancia fueran más seguros y cómodos. Compañías como White Star

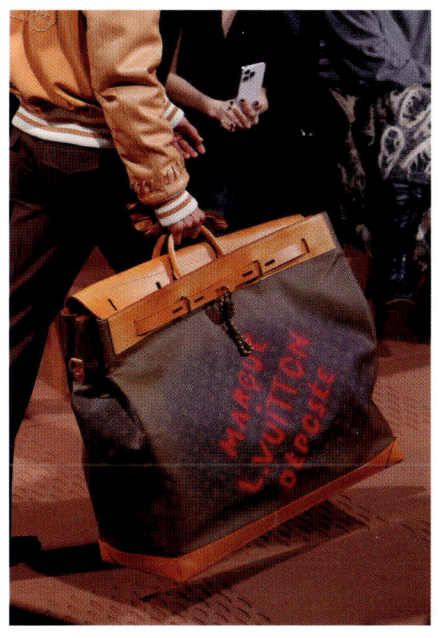

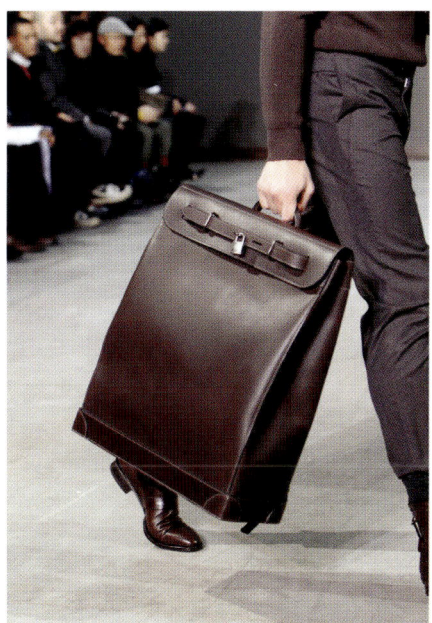

Line y Cunard Line crearon lujosos transatlánticos como el RMS Titanic y el RMS Lusitania, diseñados para atraer a una clase alta que exigía viajar con todas las comodidades, incluida la posibilidad de contar con un variado y elegante vestuario.

Fiel a su espíritu innovador, Vuitton continuó adaptándose a las nuevas formas de desplazarse. Aunque el baúl Malle Cabine era idóneo para los camarotes de trenes y barcos, Georges no se detuvo ahí; creó el modelo Malle Idéale, que se presentó como «el baúl perfecto», diseñado para organizar de manera impecable una colección de trajes y camisas de hombre.

Asimismo, sacó al mercado la bolsa Steamer, un modelo blando y flexible muy alejado de las formas rígidas y rectas,

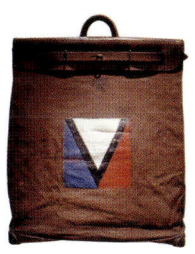

Diseño original de la bolsa Steamer, creada en 1901 para transportar ropa de lavandería.

con una función muy específica: almacenar la ropa sucia. Pero el Steamer estaba destinado a mucho más que a su humilde función original. «Si repasamos la historia de los bolsos, el modelo Steamer es probablemente el abuelo del bolso de mano; es el primer bolso flexible, la primera bolsa de deporte moderna», explicó el conservador de arte y de moda Olivier Saillard, comisario en 2017 de la exposición *Volez, Voguez, Voyagez* en el Grand Palais, en la que se retrató la historia de Louis Vuitton desde 1845 hasta la actualidad. Además, el Steamer fue un precedente de los icónicos bolsos blandos de la marca, como el Keepall, anticipando la comodidad y el estilo que definirían los futuros diseños de Louis Vuitton.

La pasión por viajar estaba profundamente arraigada en el corazón de la empresa, quizá desde el día en el que Louis dejó a pie su aldea natal de Anchay para emprender un trayecto de 500 kilómetros hasta París. Sin duda, fue algo más que el sentido de la oportunidad lo que llevó al joven Louis al taller de Romain Maréchal: una genuina curiosidad por descubrir el mundo y el movimiento. Georges heredó esta pasión y la vertió en la empresa y en sus diseños, llevando adelante la visión de su padre.

Louis había inventado *l'art du voyage*, transformando el viaje en una experiencia estética en la que el equipaje no era un simple accesorio funcional, sino un compañero y cómplice en la aventura. Georges no se limitó a preservar esta filosofía, la expandió, asegurando que cada nueva creación de la marca continuara elevando el viaje a una forma de arte. Y así lo haría también la tercera generación de la familia, cuando su hijo Gaston-Louise asumiera el liderazgo.

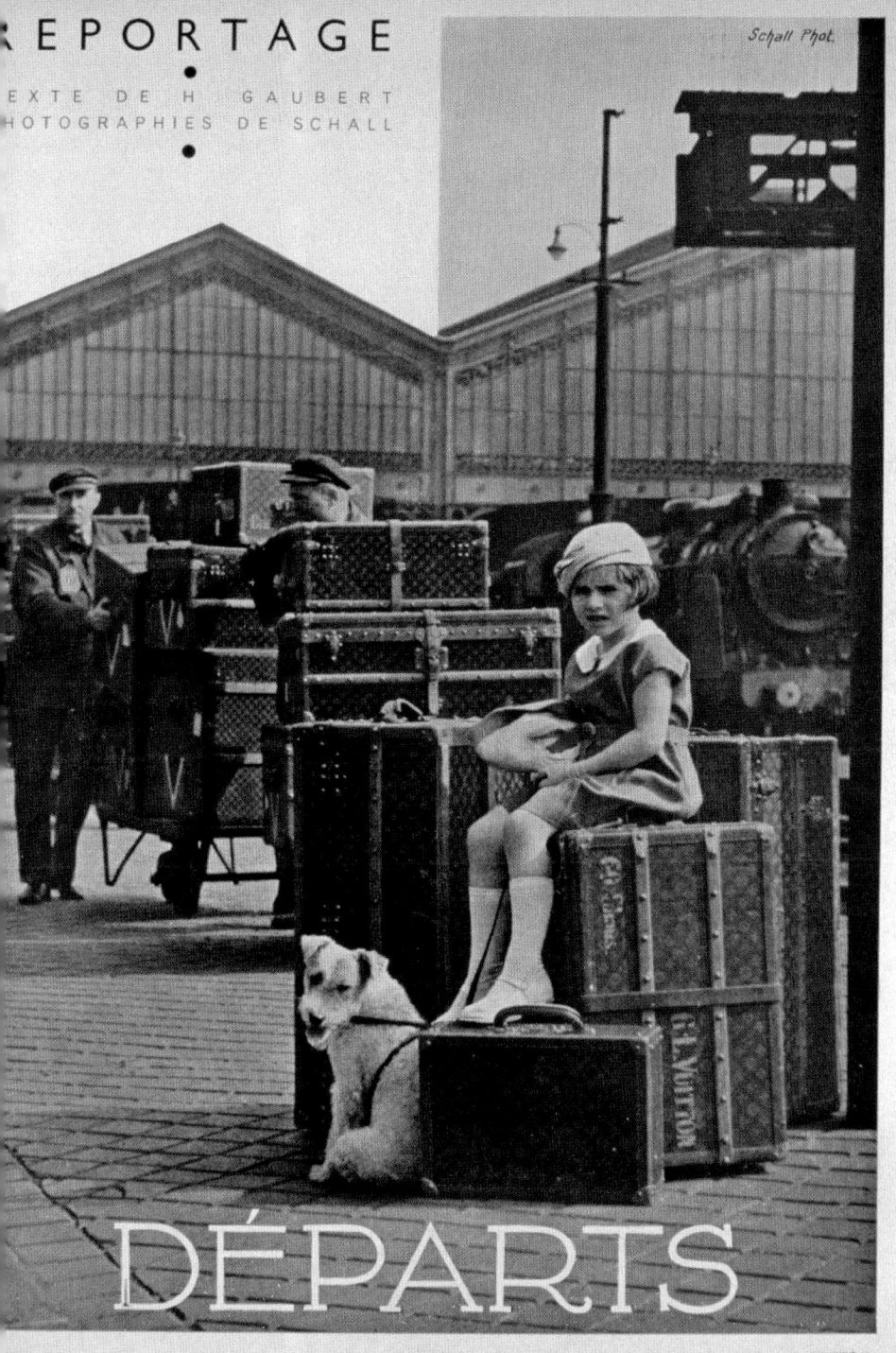

REPORTAGE

•

TEXTE DE H. GAUBERT
PHOTOGRAPHIES DE SCHALL

•

Schall Phot.

DÉPARTS

UN ASUNTO DE FAMILIA

Entre los años 1900 y 1914, una tercera generación de Vuitton se incorporó al negocio familiar. Gaston-Louis, nacido en 1883 y primogénito de Georges Vuitton, era un niño de constitución frágil, propenso a enfermar con frecuencia. Su delicada salud lo llevó a pasar gran parte de su infancia sumergido en actividades como la lectura, el dibujo y la escritura, lo que lo convirtió en un adulto culto y refinado, un verdadero esteta con un profundo amor por el arte y la belleza.

Además de estas actividades intelectuales, y consciente de las expectativas que había puestas en él como heredero del negocio familiar, Gaston-Louis se involucró en la empresa desde muy joven. A los 14 años empezó a trabajar como aprendiz en los talleres de Asnières-sur-Seine, donde se familiarizó con cada detalle del oficio, aprendiendo a cortar, serrar y ensamblar los materiales con precisión. A los 16, pasó a ser vendedor en la tienda de la Rue Scribe, en la que trabajó durante ocho años. En ese tiempo, además de aprender las técnicas de venta, amplió sus conocimientos sobre los gustos y las necesidades de los clientes, lo que definiría su enfoque al asumir la dirección de la empresa en 1906, momento en el que la empresa Louis Vuitton se transformaría en Vuitton et Fils.

Setenta años después del épico viaje de su fundador, la *maison* Vuitton se había consolidado como un negocio familiar de productos de lujo. La herencia de Louis perduraba gracias a la transmisión directa de conocimientos, el fuerte compromiso de cada generación con el negocio, en todos los aspectos, el mantenimiento de altos estándares de calidad y una cultura empresarial que valoraba tanto la tradición como la innovación. El éxito de la marca era rotundo.

En ese contexto de expansión, Georges Vuitton dirigió su mirada más allá de París. La Costa Azul se había convertido en el destino predilecto de la élite europea, especialmente de la aristocracia inglesa y rusa, atraídas por su clima suave y sus célebres balnearios. Después de barajar varias opciones, Georges decidió abrir su tercer local en 1909 y, tras las exitosas aperturas en París y Londres, la localidad elegida fue Niza. Esta glamurosa ciudad, donde la alta sociedad se hospedaba en hoteles icónicos como el Ruhl y el Negresco, le pareció el escenario perfecto para la marca. Entre la distinguida y variada clientela que frecuentó la tienda se encontraban figuras de renombre como la bailarina La Bella Otero, el compositor Camille Saint-Saëns y el sultán Mahommed Shah, Aga Khan III.

Foto familiar de alrededor de 1900: Georges Vuitton, hijo de Louis Vuitton, junto a su esposa Joséphine Patrelle y sus tres hijos, Gaston-Louis y los gemelos Pierre y Jean.

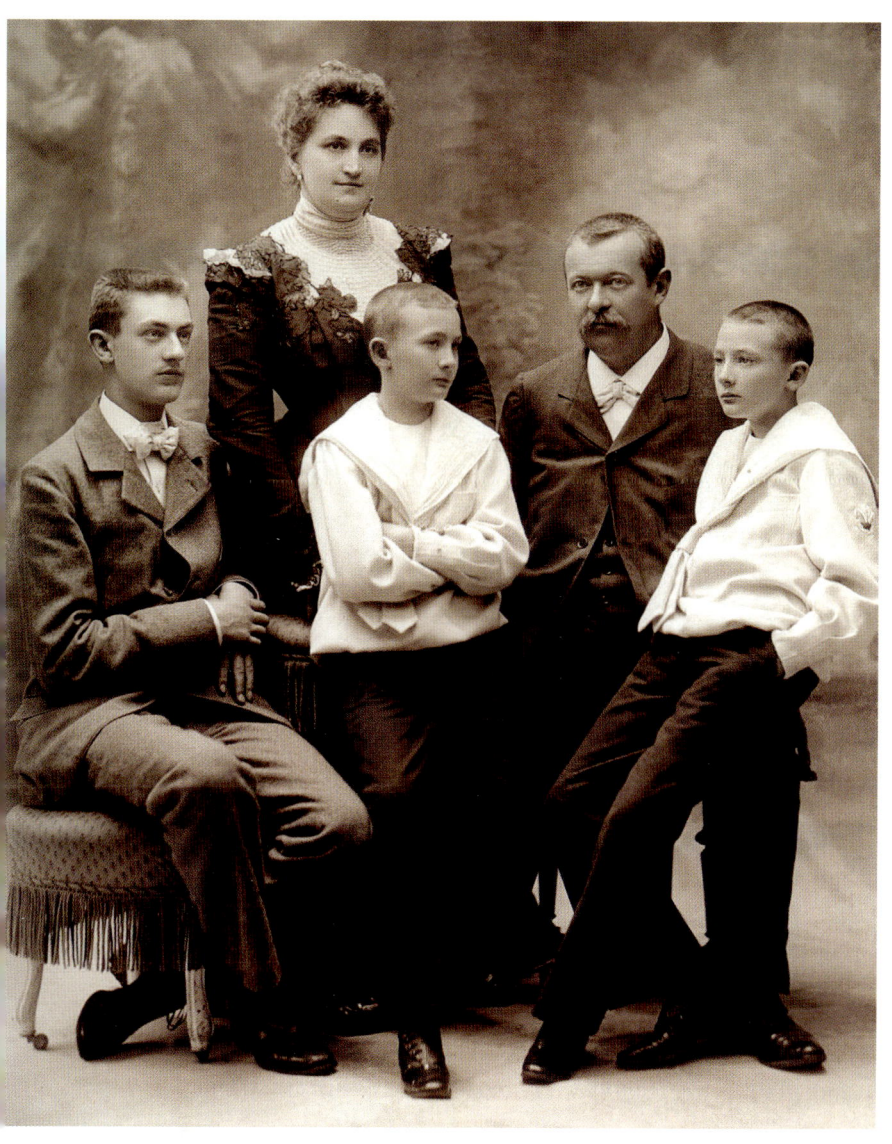

En París, la tienda de la Rue Scribe pronto se quedó pequeña. Necesitaban un nuevo local, por lo que en 1912 Georges compró un terreno en la Avenue des Champs-Élysées, e hizo construir allí un edificio de siete plantas de estilo *art nouveau*, sobrio y elegante. La elección de los Champs-Élysées no fue casual. En esa época, la avenida ya estaba emergiendo como el epicentro del lujo en París. En 1914, el mismo año en el que Vuitton inauguraba su nuevo local en el número 70, la *maison* Guerlain también abrió sus puertas en el número 68.

A diferencia de otros empresarios de la época, Gaston-Louis no se limitaba a dirigir la empresa desde la oficina; se implicaba profundamente en todos los aspectos del negocio, incluido el diseño de los escaparates. Los renovaba él mismo cada temporada, inspirándose en las corrientes artísticas contemporáneas y seleccionando con meticulosidad los materiales y decoraciones. Sus escaparates no solo mostraban los productos de la casa, sino que ofrecían una narrativa visual inmersiva: estaciones de tren, puertos marítimos y paisajes exóticos con aves tropicales componían las escenografías, en cuyo centro brillaban las icónicas maletas de Vuitton. Gaston-Louis comprendía que la presentación era tan crucial como el producto en sí mismo, una visión pionera de lo que hoy se conoce como *visual merchandising*.

La empresa prosperaba, pero, en cambio, la situación política en Europa era otra muy distinta. Tres meses después de la inauguración de la tienda en los Champs-Élysées, la tranquilidad de París se quebró de manera abrupta. A finales de julio de 1914, el asesinato del líder socialista Jean Jaurès, firme defensor de la paz, conmocionó el país solo tres días después del estallido de la Primera Guerra Mundial. Semanas más tarde, Alemania le declaró la guerra a Francia. Este giro en los acontecimientos políticos planteó nuevos desafíos para la empresa familiar, que tuvo que adaptarse a un mundo sumido en una contienda a gran escala. Aunque Vuitton ya había hecho frente antes a las dificultades de la guerra franco-prusiana, la dimensión de este conflicto era mayor y mucho más compleja, lo que requería medidas estratégicas y una resiliencia sin precedentes. La escasez de materiales esenciales para la producción de artículos de lujo, como el cuero, complicaba aún más la situación, y el taller de Asnières-sur-Seine tuvo que abandonar temporalmente la fabricación de equipaje de lujo para centrarse en la fabricación de camillas plegables y baúles militares. Gracias a este cambio provisional, la empresa pudo mantenerse operativa durante esos difíciles años y preservar su infraestructura para cuando la demanda de lujo resurgiera en tiempos de paz.

BOLSOS PARA LA ETERNIDAD

La Primera Guerra Mundial dejó tras de sí millones de vidas truncadas y una devastación sin precedentes. Durante la posguerra, Europa se vio obligada a emprender un esfuerzo titánico de reconstrucción. Pero este proceso, aunque arduo, impulsó un rápido crecimiento económico en pocos años, acompañado por un optimismo renovado y esa euforia que a menudo florece en sociedades que han superado grandes conflictos. Convencida de que el futuro traería prosperidad, la gente comenzó a gastar e invertir con confianza.

París se convirtió en el epicentro de los *années folles*, los felices y locos años 20. Artistas, escritores y miembros de la

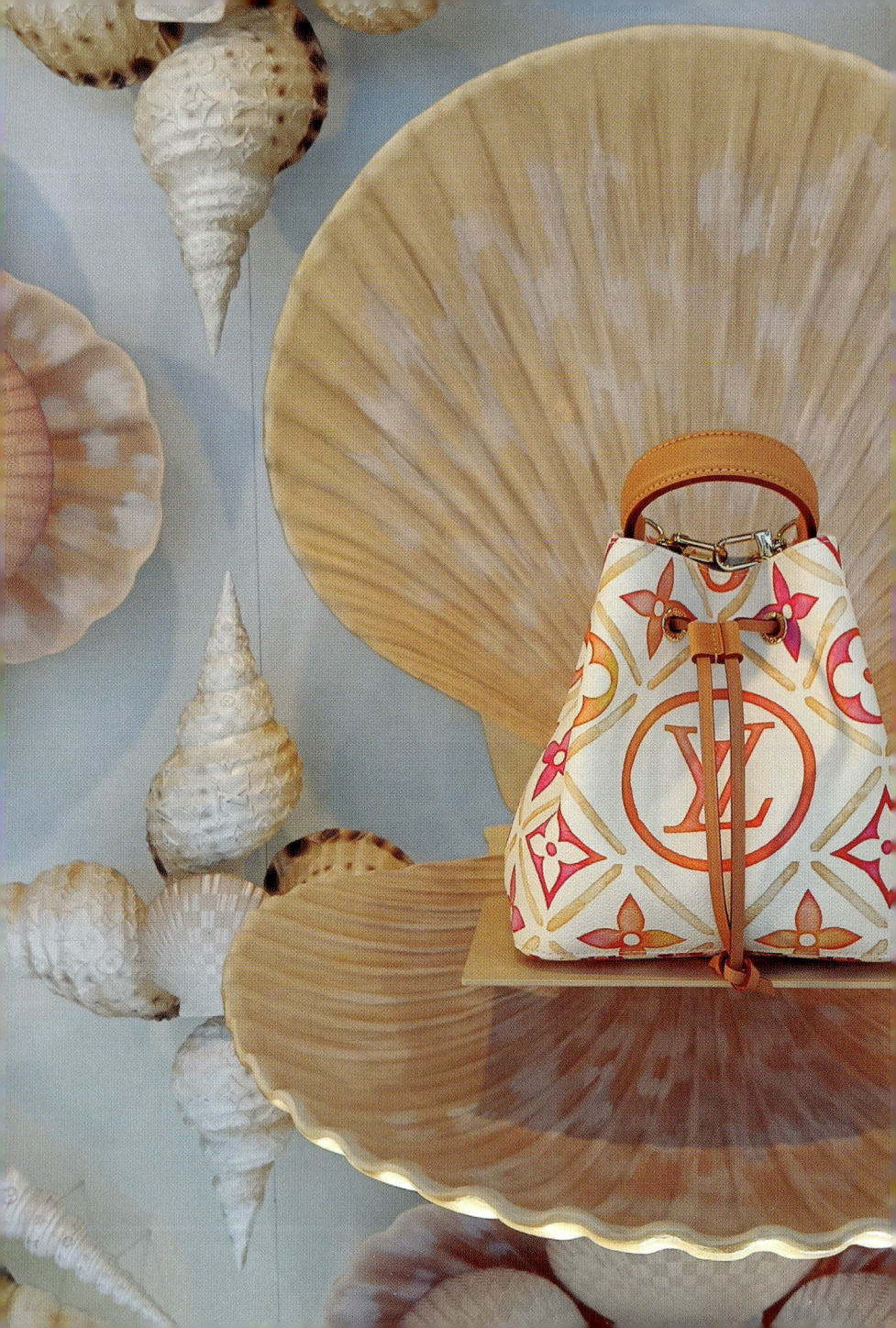

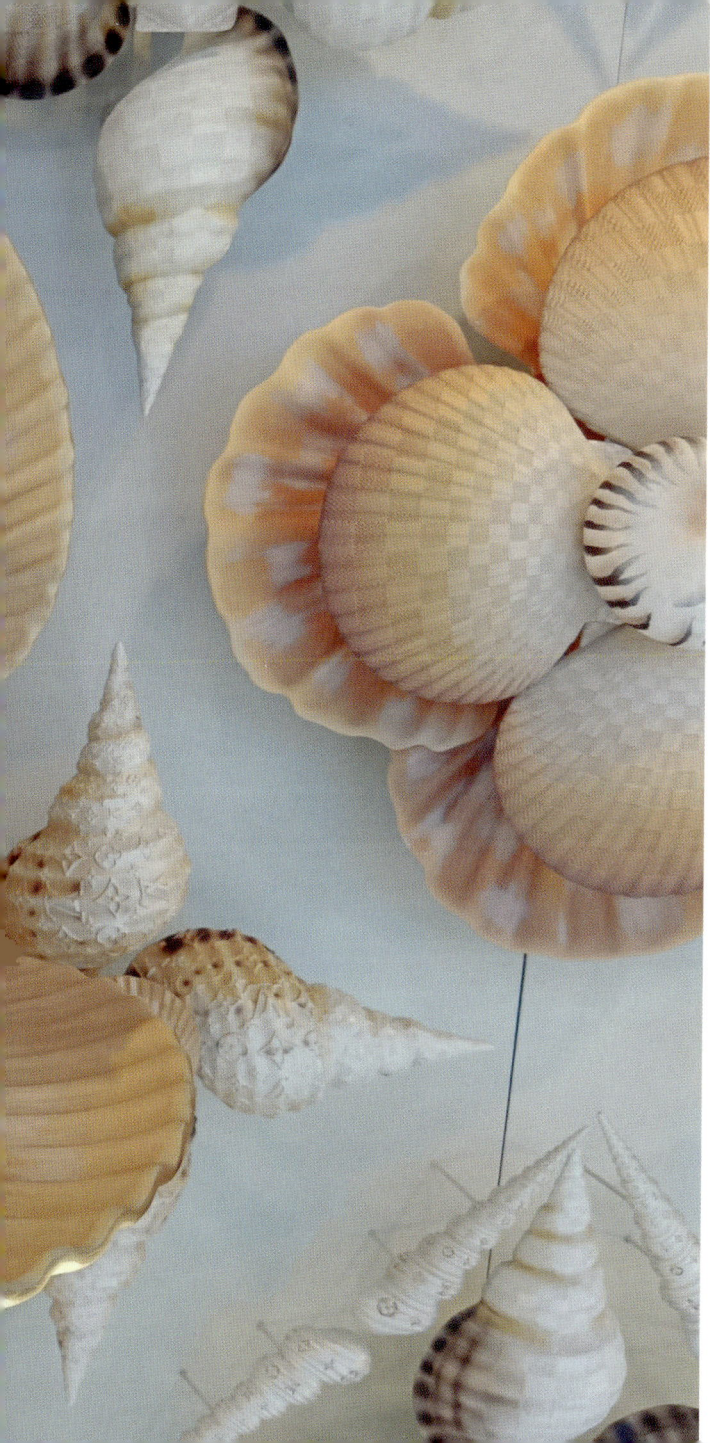

Escaparate de
Louis Vuitton
en Cannes,
Francia, con
motivos
marinos
de conchas,
en el que el
bolso NéoNoé
aparece
emergiendo
de una de ellas
como una perla.
La tradición
de crear
escaparates
vistosos y
artísticos
continúa hasta
hoy, siguiendo
el legado de
Gaston-Louis
Vuitton,
conocido por
sus creativos
y llamativos
aparadores.

alta sociedad se daban cita en el Ritz, en Maxim's o en el café La Rotonde, en el barrio de Montparnasse. Fiestas deslumbrantes, cenas opulentas y noches interminables de *jazz* y champán definían el estilo de vida de aquellos que podían permitírselo.

Este ambiente de prosperidad impulsó la industria del lujo. Las casas que habían sobrevivido a la austeridad de la guerra comenzaron a ver un importante incremento en la demanda de sus productos. El hambre de belleza tras la guerra dio lugar a una década repleta de extravagancias y esplendor, y las firmas de moda, en especial las francesas, aprovecharon la coyuntura para crear productos exclusivos que elevaron los estándares del lujo. Fue en ese momento cuando Gabrielle Chanel lanzó el mítico perfume Chanel Nº 5, Cartier presentó una fastuosa colección de joyas de estilo *art déco* inspirada en la riqueza cultural de la India —que más tarde se conocería como Tutti Frutti—, y Louis Vuitton, fiel a su estética, continuó innovando para ofrecer a los viajeros las opciones aún más cómodas y elegantes.

Durante los años 20, Gaston-Louis Vuitton expandió significativamente el catálogo de la marca, creando una gran variedad de productos de viaje, incluidos unos exquisitos neceseres. Estos cofres y estuches estaban diseñados para transportar de manera segura y organizada artículos personales, como productos de tocador, perfumes, cosméticos, joyas y utensilios de aseo. Cada compartimento estaba cuidadosamente adaptado para proteger los objetos durante el viaje, un reflejo de la atención al detalle que desde siempre había caracterizado a la firma. Un ejemplo destacado fue el modelo Milano, presentado en la Exposición Internacional de Artes Decorativas e Indus-

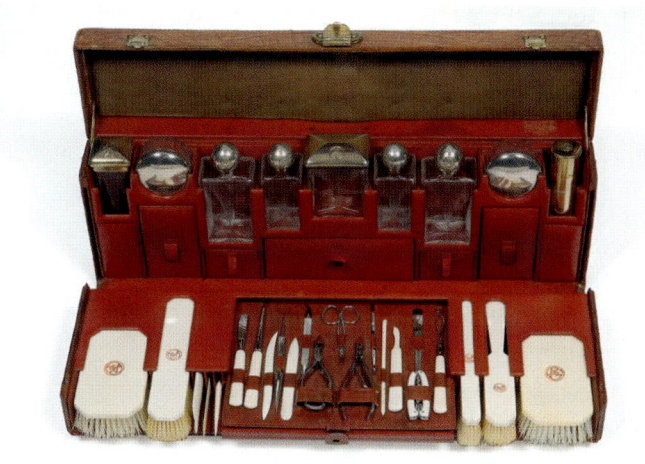

trias Modernas de 1925, una exquisitez de estilo *art déco* en cuero marroquí rojo con frascos de cristal tallado. Esta pieza, que hoy forma parte de la colección Louis Vuitton del museo de Asnières-sur-Seine, es un claro testimonio del gusto refinado y el talento de Gaston-Louis.

Si bien los neceseres de viaje fueron un gran exponente de la exclusividad de la marca, el diseño que la catapultó a un nuevo nivel de éxito fue uno mucho más sencillo. Tras la guerra, el sector automovilístico experimentó un enorme crecimiento, sobre todo gracias a la introducción de la cadena de ensamblaje por Henry Ford en 1913, lo que permitió la producción en masa y que los automóviles se volvieran accesibles a un público mucho más amplio. Esto, sumado a la expansión del transporte aéreo, creó una nueva demanda de equipajes más flexibles y utilitarios. Aunque en el catálogo de Vuitton ya existían modelos diseñados específicamente para las cabinas de

El modelo Steamer es probablemente el abuelo del bolso
de mano; es el primer bolso flexible, la primera bolsa
de deporte moderna

OLIVER SAILLARD

automóviles y aviones, Gaston-Louis intuyó que hacía falta
algo diferente: un artículo de equipaje que no solo fuera compacto, sino también ligero y fácil de trasladar.

El bolso Steamer, que había sido creado en 1901 como complemento para guardar la ropa sucia durante los largos viajes
en barco, ya destacaba por su flexibilidad y ligereza, en contraste con los baúles más grandes y rígidos. Y es posible que
Gaston-Louis Vuitton se inspirara en ese diseño para idear tres
décadas después uno de los modelos insignia de la firma hasta
el día de hoy: el Keepall.

Lanzado en 1930, este bolso representó una auténtica revolución en el mundo de los complementos para el viaje. Confeccionado inicialmente con lona de algodón y, más tarde, con la
emblemática lona Monogram de la marca, el Keepall —cuyo
nombre significa «guardar todo» en inglés— era una bolsa de
amplias dimensiones, que, a diferencia de los baúles rígidos,
estaba diseñado con una estructura blanda que permitía ple-
garlo fácilmente cuando no se usaba, lo que lo hacía ideal para
los viajeros que necesitaban un equipaje práctico y versátil.

La euforia de los dorados años 20 acabó con el crac de 1929,
que sumió al mundo en la Gran Depresión. Sin embargo,
aunque la exuberancia de la década anterior se había desvane-
cido, la alta sociedad mantenía su estatus, solo que de manera
más discreta y adaptada a la nueva realidad económica. En este
nuevo panorama, el Keepall resultó tanto una pieza funcional

como un símbolo de riqueza. Su diseño simple pero elegante lo hacía inmediatamente reconocible y deseado entre la élite. Sus asas de cuero natural, que con el tiempo desarrollaban una pátina única, no solo aportaban un toque de distinción, sino que también contaban una historia personal, reflejando la durabilidad y el carácter propio que cada bolso adquiría con los años.

Ese mismo año, Louis Vuitton lanzó otro modelo, el Express Bag, que más tarde sería conocido como Speedy. Diseñado inicialmente como una versión más compacta y manejable del Keepall, el Speedy se ideó como un complemento para el día a día. En una época en la que los bolsos de mano eran predominantemente pequeños y decorativos, este ofrecía un espacio considerable para llevar todos los elementos esenciales de una mujer moderna sin sacrificar el estilo. Esto hizo que se convirtiera rápidamente en uno de los productos más codiciados de la firma hasta día de hoy.

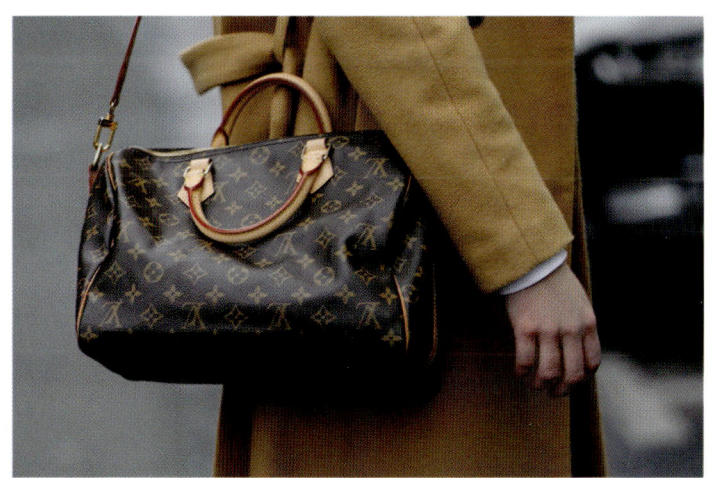

El bolso Speedy, creado en los años 30, es uno de los iconos de Louis Vuitton. Originalmente diseñado como un bolso de viaje compacto, ha ido evolucionando hasta convertirse en un símbolo de estilo y elegancia atemporal.

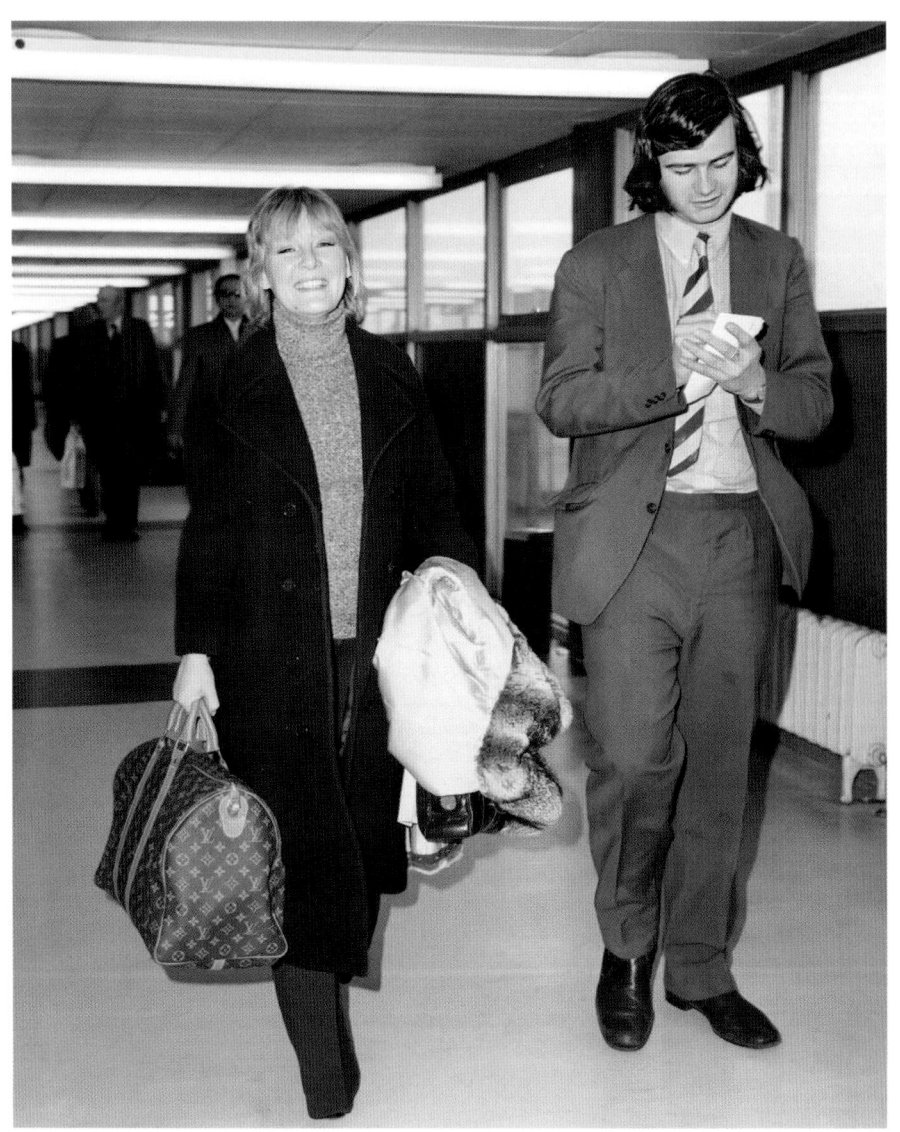

LOUIS VUITTON

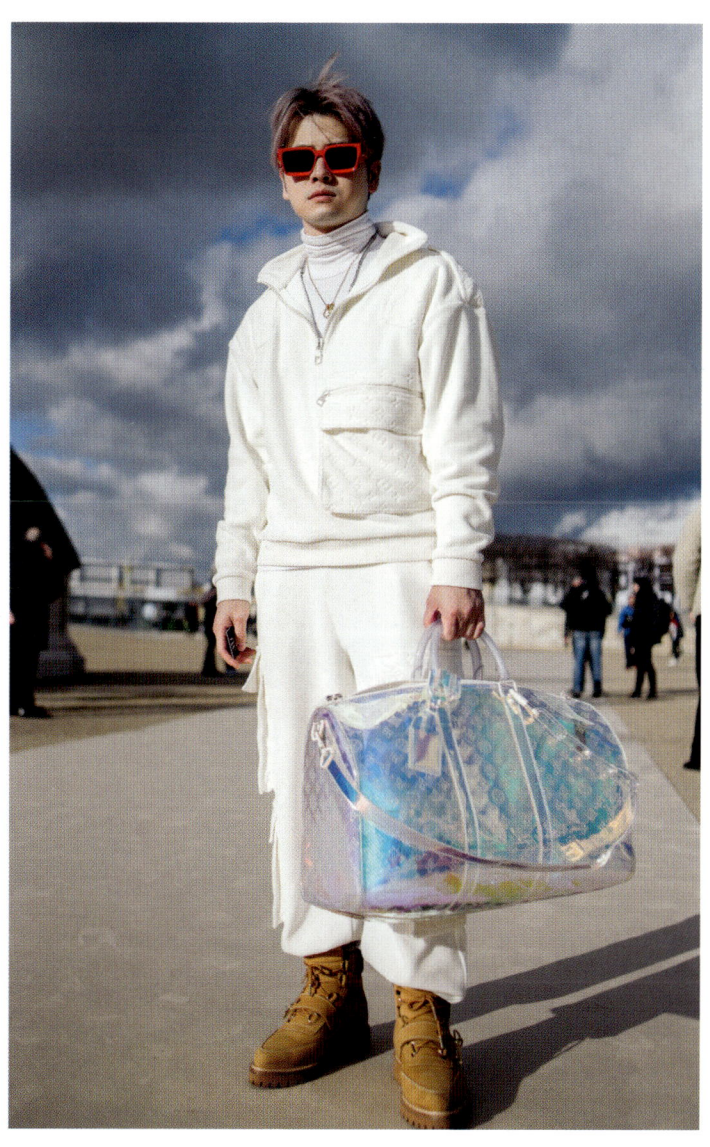

A la izquierda, la cantante Petula Clark en el aeropuerto de Heathrow con el bolso Keepall de Louis Vuitton. A la derecha, el Keepall Prism, una versión del mismo bolso con acabado iridiscente, diseñado por el director creativo Virgil Abloh para la colección Otoño-Invierno 2019-2020.

LOS AÑOS OSCUROS

El éxito de los bolsos Keepall y el Speedy impulsó a Gaston-Louis a continuar innovando. Para ese momento, Louis Vuitton ya estaba firmemente establecida como una de las casas de lujo más reconocidas del mundo, valorada por su exclusividad, calidad y diseño. La emblemática lona Monogram hacía que los consumidores identificaran de inmediato un producto Vuitton, un nombre que se asociaba con artículos no solo estéticamente atractivos, sino también muy prácticos y duraderos. Así, en 1934 lanzó un nuevo bolso de mano, el Squire —rebautizado como Champs-Élysées en 1950 y como Alma en 1992—, más pequeño que el Speedy pero con una silueta curva y una estructura rígida que lo convirtieron en un clásico atemporal.

Se dice que Gaston-Louis tuvo la idea de este bolso mientras contemplaba el puente del Alma en París. Fascinado por las líneas elegantes y la arquitectura refinada de la construcción, imaginó un bolso que capturara esas cualidades. Según otra leyenda popular, el Squire/Alma fue diseñado originalmente para Coco Chanel, quien encargó a la *maison* un bolso que combinara funcionalidad con la sofisticación característica de su estilo.

Sea como fuere, este modelo de inspiración *art déco* fue recibido con entusiasmo gracias a su diseño innovador y a que se adaptaba perfectamente a las necesidades de las mujeres de la época. Con el paso de los años, se ha reafirmado como uno de los modelos más emblemáticos de Louis Vuitton, hasta convertirse en una pieza de inversión en el exclusivo mundo del lujo, junto al 2.55 de Chanel o el Birkin de Hermès.

En 1936, la empresa sufrió una pérdida significativa con la muerte de Georges Vuitton, el hijo del fundador, quien había liderado la empresa durante décadas. Su fallecimiento marcó el final de una era, justo en un momento en el que Europa se encaminaba hacia un periodo de gran inestabilidad. En 1939 estalló la Segunda Guerra Mundial, y en junio de 1940 París cayó bajo la ocupación alemana. La ciudad, que hasta entonces había sido un faro de cultura y arte, se sumió en la incertidumbre y el miedo, y la *maison* Louis Vuitton tuvo que adaptarse a las difíciles circunstancias para sobrevivir en un contexto de ocupación.

Según la escritora Stéphanie Bonvicini en *Louis Vuitton: Une saga française*, Gaston-Louis apoyó la postura del mariscal Philippe Pétain, quien, al frente del Estado títere de los nazis en Vichy, defendía que continuar la guerra contra Hitler no era una opción sostenible con tantas vidas en juego. Así, el gobierno de Pétain puso en marcha un estado autoritario que sometió Francia a la Alemania del Tercer Reich.

En el ámbito empresarial, la ocupación fue especialmente complicada para las casas de lujo. Louis Vuitton, como otras firmas, se enfrentó al peliagudo dilema de escoger entre la supervivencia y las convicciones políticas. Christian Dior obedeció a regañadientes las órdenes de confeccionar vestidos para las esposas de oficiales alemanes, y la colaboración de Coco Chanel con los nazis sigue siendo hoy motivo de controversia. Por otro lado, aunque Hitler ensalzaba la vestimenta tradicional alemana, en línea con su ideología de promover el estilo nacional, en realidad estaba profundamente fascinado por el glamur de la *haute couture* parisina. Su obsesión era tal que intentó trasladar la industria de la moda a Berlín, lo que obligó a Lucien Lelong, presidente de la Cámara Sindical de la Alta Costura, a entablar delicadas negociaciones con el régimen ocupante.

La situación no fue fácil para la familia Vuitton. Dos de los hijos de Gaston-Louis, Claude-Louis y Jacques-Louis, se opusieron al régimen de Vichy y se unieron a la resistencia. Su padre, por el contrario, adoptó una postura mucho más cautelosa a fin de asegurar la continuidad de la empresa, una decisión que apoyó su hijo Henry-Louis. A pesar de las dificultades, la tienda de la Avenue des Champs-Élysées permaneció abierta a lo largo de la guerra, aunque el *stock* era escaso y solo quedaban algunos artículos de lujo que no se habían vendido antes de la guerra.

Años más tarde, Henry-Louis Vuitton escribió *La Malle aux Souvenirs*, un libro de memorias familiares que ofrece una visión íntima y personal del legado de los Vuitton, y en él se guarda un prudente silencio sobre los años de la ocupación. Henry elude mencionar los hechos ocurridos durante la guerra y retoma el relato con la Liberación. «Como millones de franceses, Gaston-Louis Vuitton pudo reunir a todos los miembros de su familia en Asnières. Después de una espera tan larga, todos intentaron olvidar los peligros e inquietudes de los últimos años. Es tiempo de alegría», escribió. Por supuesto, este tiempo de alegría también trajo consigo el desafío de reconstruir el negocio una vez más.

Nueva York, 1958: La modelo estadounidense Linda Harper (1928-1985), con un gorro de piel, traje sastre y guantes, sostiene un paraguas mientras posa junto a tres maletas Louis Vuitton.

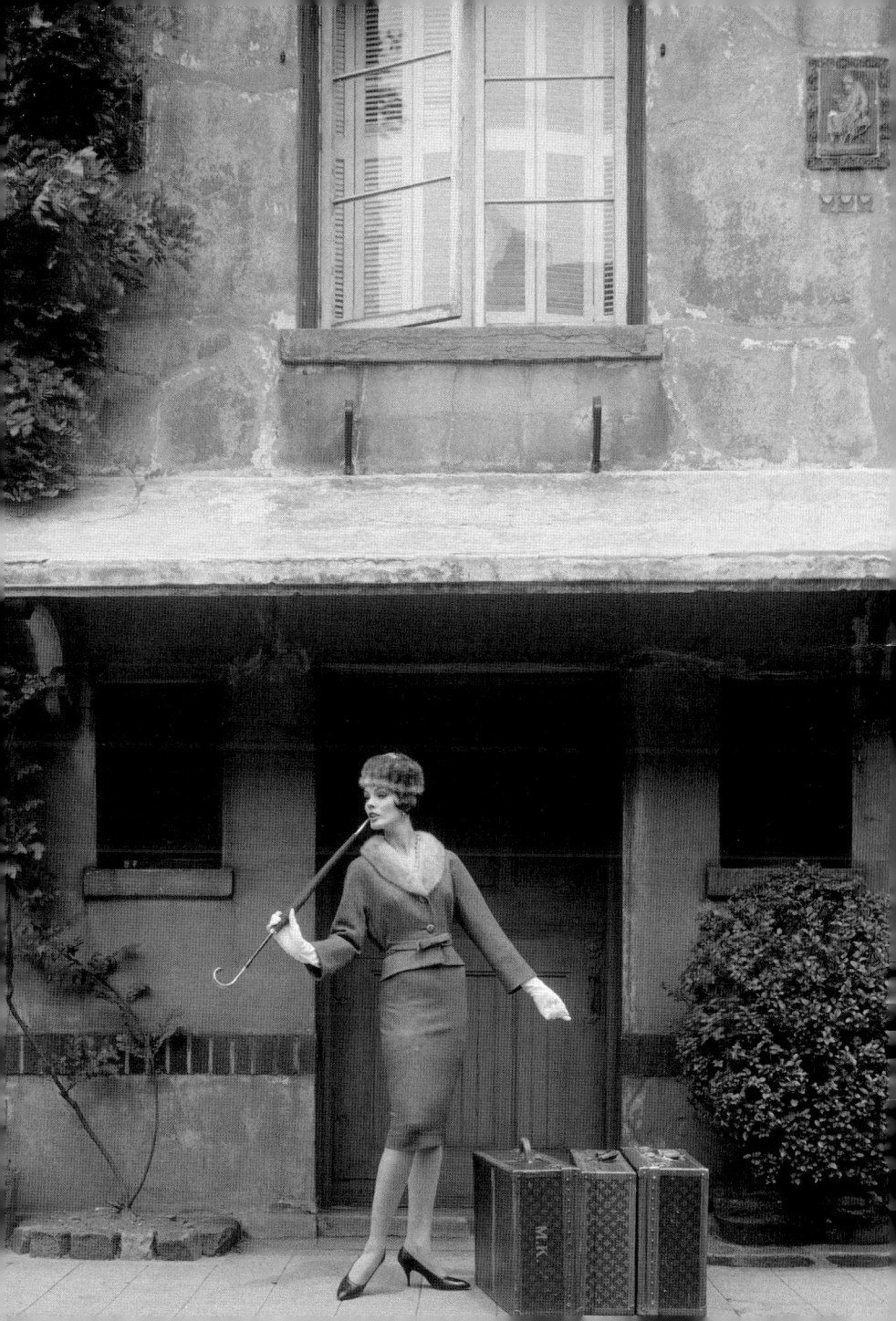

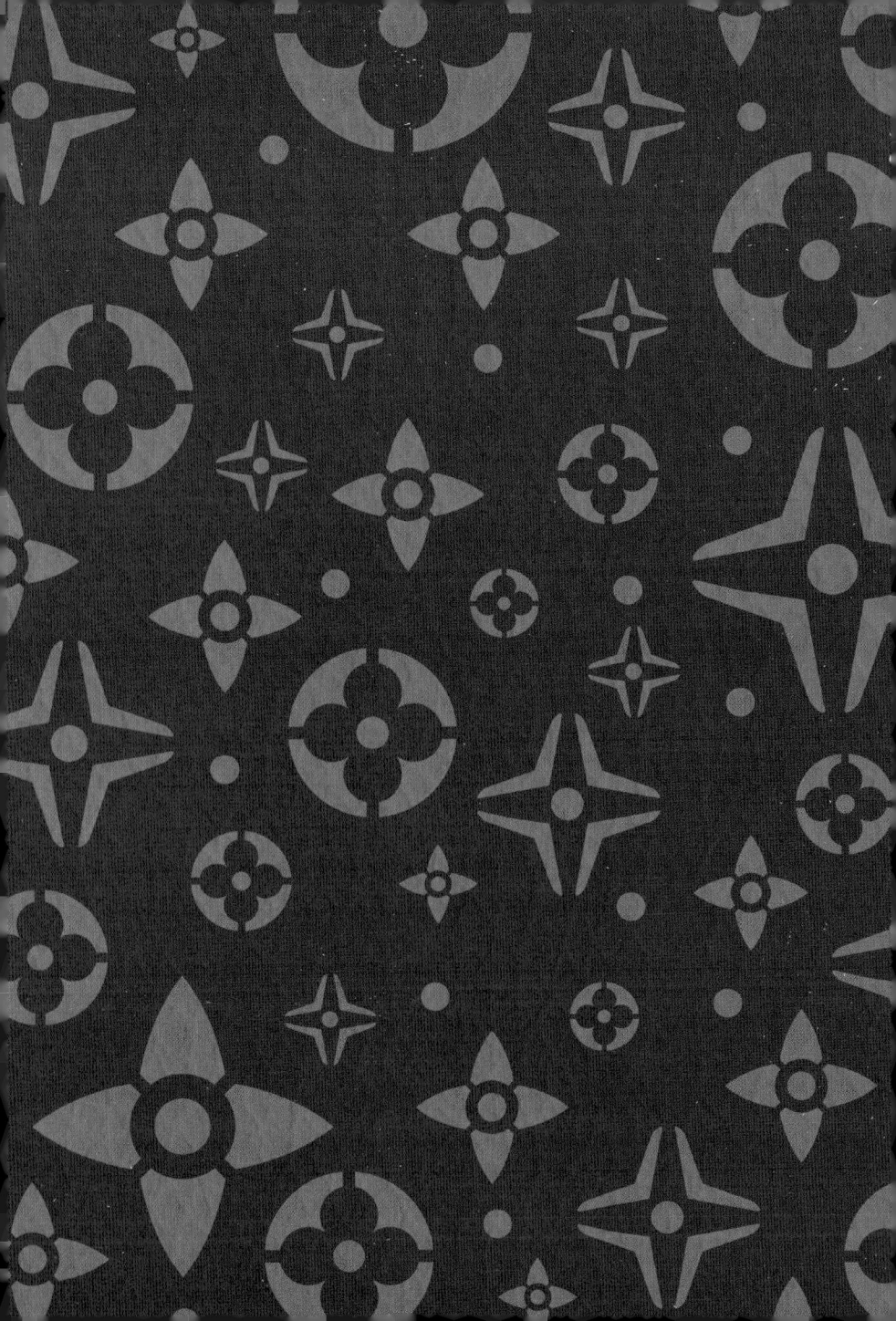

EL PODER DE LA IMAGEN

Después de la Segunda Guerra Mundial, la alta costura de París experimentó un renacimiento sorprendente, a pesar de las durísimas condiciones de vida que hubo que afrontar. El carbón y la electricidad estaban racionados, y productos básicos como el pan, el café, el aceite de cocina, el azúcar o el arroz escasearon hasta bien entrada la década de los años 40. Pese a estas dificultades, en verano de 1944, pocos meses después de la Liberación, un grupo de visionarios liderados por Lucien Lelong, presidente de la Cámara Sindical de la Alta Costura, y Robert Ricci, hijo de la diseñadora Nina Ricci, se propusieron devolver a París su prestigio como referente mundial de la alta costura.

En una ciudad que siempre había sido sinónimo de estilo y elegancia, restaurar la industria no solo significaba revivir la moda, sino también recuperar un pilar fundamental de su identidad cultural. La alta costura, que antes de la guerra empleaba a unos 13.000 artesanos altamente especializados, mantenía vivos ateliers con siglos de tradición, esenciales para la imagen de París como la capital mundial del lujo.

Por otro lado, la moda ofrecía una solución económica clave: Francia necesitaba con urgencia divisas extranjeras, y las mujeres adineradas del extranjero, sobre todo de Estados Unidos, estaban dispuestas a pagar grandes sumas por prendas exclusivas. Más allá del aspecto comercial, la alta costura se convirtió en un símbolo del *art de vivre* francés, una manifestación visible y exportable del estilo de vida sofisticado que Francia quería proyectar al resto del mundo. París estaba decidida a retomar su lugar como epicentro de la moda global, y la alta costura era la herramienta perfecta para lograrlo.

Louis Vuitton desempeñó un papel fundamental en este renacimiento. Tras haber superado dos guerras, la empresa se encontraba otra vez frente al desafío de sobreponerse a la adversidad. Era el momento de sanar heridas y comenzar de nuevo. Gaston-Louis Vuitton, con la vista puesta en asegurar el futuro de la casa, reunió a sus tres hijos y les asignó roles concretos: Henry-Louis quedó a cargo de la tienda en París; Claude-Louis asumió la dirección de la producción en el taller de Asnières-sur-Seine, y Jacques-Louis se ocupó de la administración y las finanzas de la compañía.

Los cambios internos en la organización de la empresa no fueron las únicas transformaciones importantes de Vuitton. En 1954 Gaston-Louis decidió trasladar la tienda principal de la Ave-

Nueva tienda de Louis Vuitton en la Avenue Marceau de París. Esta ubicación marcó un hito en la expansión de la *maison*, consolidando su presencia en una de las avenidas más elegantes de la capital francesa.

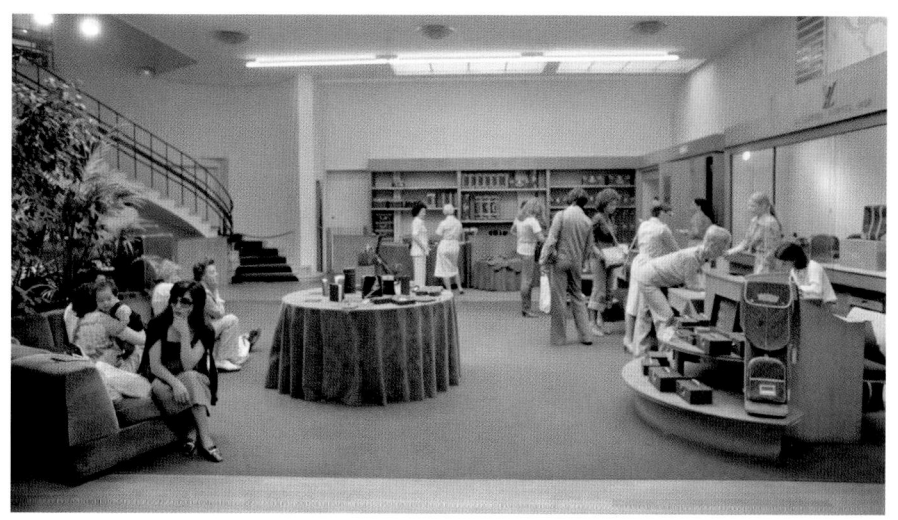

nue Champs-Élysées, que en los últimos años se había llenado
de clubs nocturnos y *brasseries*, a la elegante Avenue Marceau.
Esta nueva ubicación encajaba mejor con la exclusividad que
Vuitton buscaba proyectar en la nueva etapa. El local era ideal
para atraer a una clientela selecta y distinguida, que pronto se
convertiría en un perfecto escaparate del prestigio de la marca.

LOS AÑOS ESTELARES

Para una marca de lujo, el verdadero éxito reside en trascender
las modas pasajeras y mantenerse relevante con un estilo atemporal que combine legado y exclusividad. Louis Vuitton había
logrado precisamente eso, y se había ganado una clientela fiel
que veía en sus productos algo más que moda: auténticas pie-

zas que representaban el arte del lujo. Entre sus clientes más leales destacaban la familia Guerlain, célebre en el mundo de la perfumería y fiel a las maletas Vuitton desde finales del siglo xix; los Rothschild, una dinastía europea dedicada a la banca; la familia real de Egipto, y el duque y la duquesa de Windsor.

En la década de 1950, Louis Vuitton expandió su clientela al atraer a figuras de renombre del mundo artístico. Actores y actrices como Alain Delon, Jeanne Moreau, Catherine Deneuve y Marcello Mastroianni se convirtieron en fieles compradores de la marca, al igual que la cantante Juliette Gréco y el director italiano Luchino Visconti. Incluso se dice que Salvador Dalí se inspiró en el icónico monograma de Louis Vuitton para crear

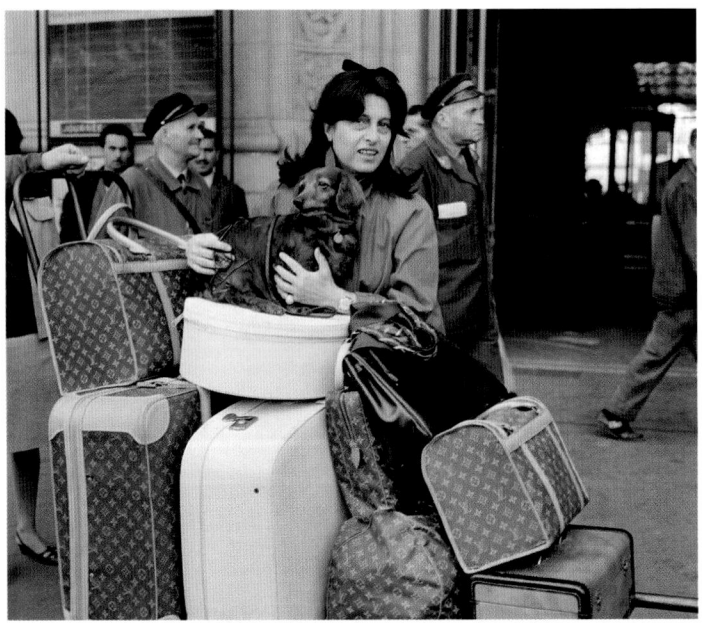

La actriz italiana Anna Magnani en París, alrededor de 1960, con su equipaje Louis Vuitton.

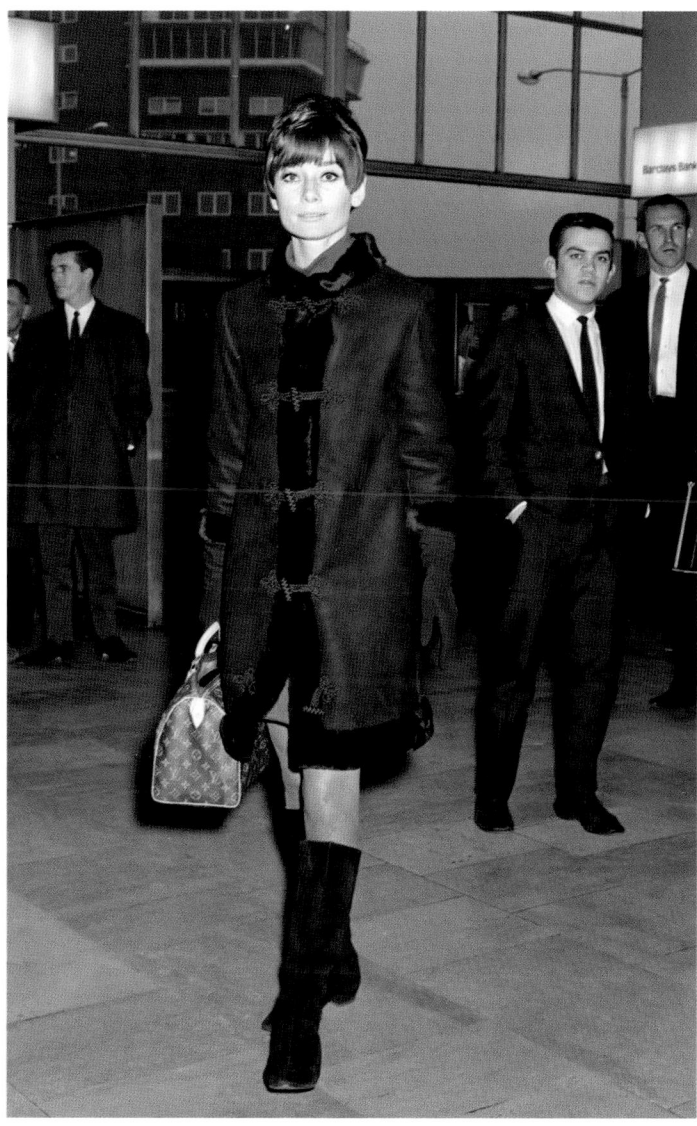

La actriz
Audrey
Hepburn, una
fiel admiradora
y clienta de
Louis Vuitton,
fotografiada en
el aeropuerto
de Heathrow
con su bolso
Speedy.

UNA MARCA DE CINE

A lo largo de los años, los artículos de Louis Vuitton han aparecido en varias películas de renombre, desde clásicos como *Ariane* (1957) o *Millie, una chica moderna* (1967), hasta filmes modernos como *Viaje a Darjeeling* (2007), donde las maletas, diseñadas por Marc Jacobs con motivos selváticos en lugar del tradicional monograma, representan el bagaje emocional y familiar de los personajes. En ellas, los productos de la marca refuerzan el estatus de los personajes, destacando la importancia del lujo y la moda en la construcción de sus identidades. Así, Louis Vuitton trasciende su función estética para convertirse en un auténtico símbolo visual.

Los artículos de la marca han sido un símbolo de sofisticación y estatus tanto en la vida real como en la ficción. A lo largo de los años, los bolsos y las maletas de Louis Vuitton han aparecido en todo tipo de producciones: clásicos como *El embrujo de París* (1958), comedias románticas como *Sexo en Nueva York* (2008) o series juveniles como *Gossip Girl* (2007).

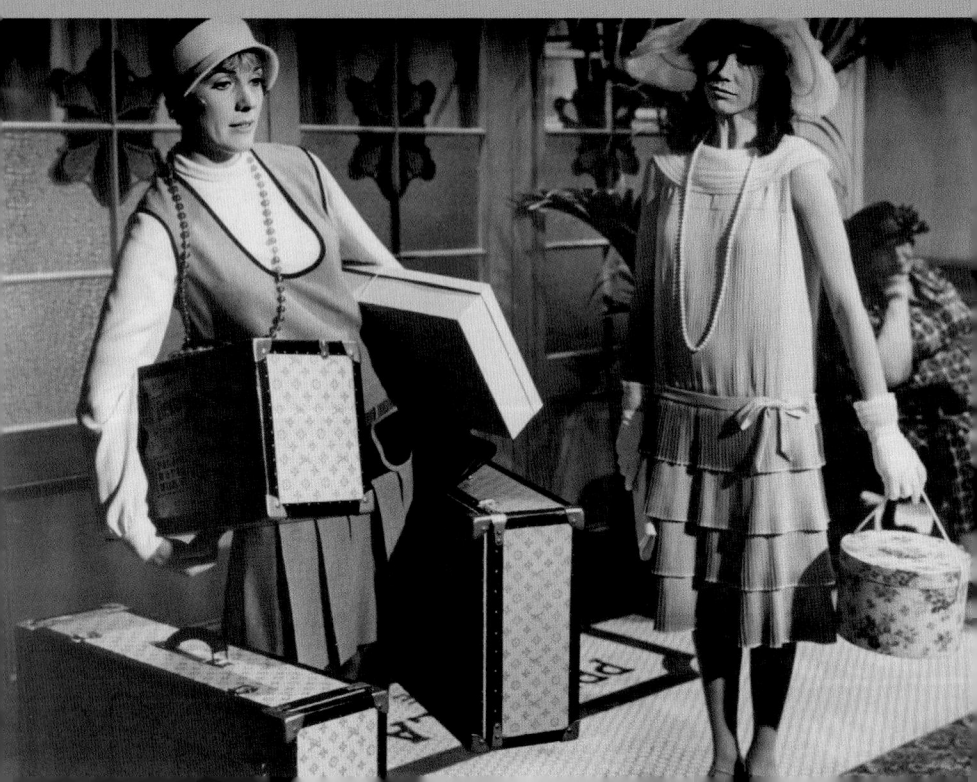

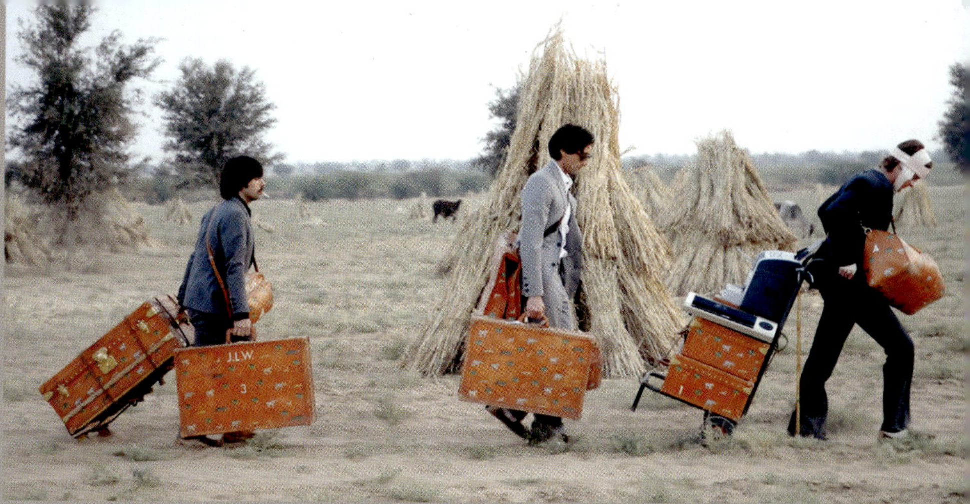

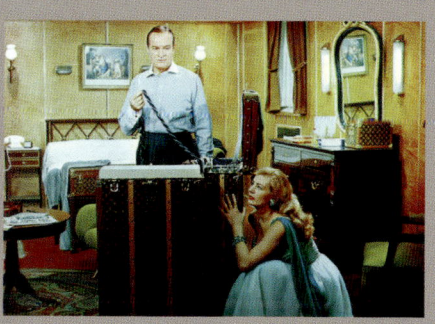

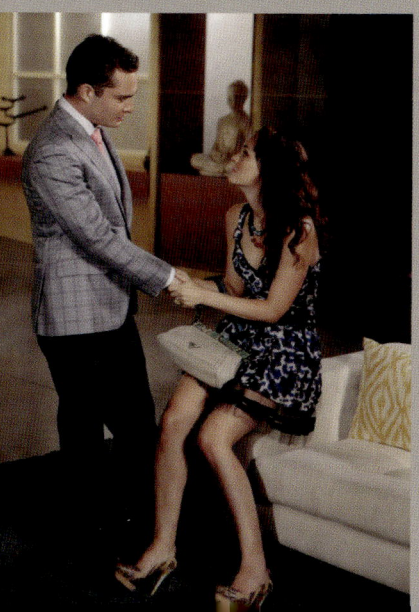

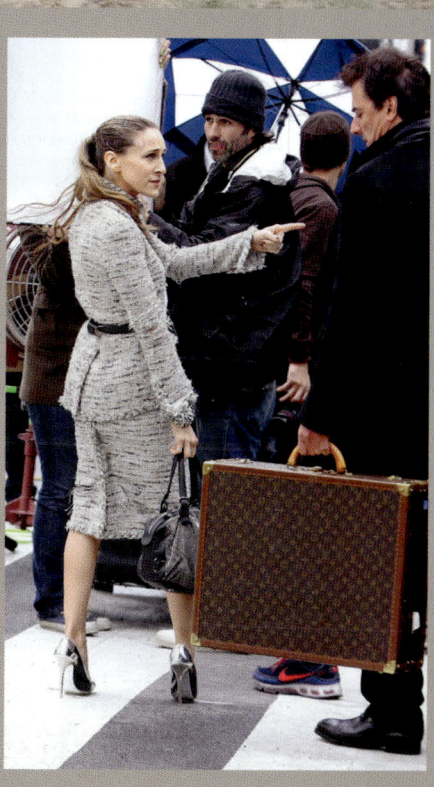

su propio logotipo, al que llamó Daligram, compuesto por sus iniciales y las de su esposa. Todas estas personalidades le aportaron una gran visibilidad a la marca y contribuyeron a consolidar su estatus como símbolo de sofisticación cultural.

La conexión de Louis Vuitton con el mundo del cine fue mucho más allá de su exclusiva clientela. En una época en la que Hollywood dictaba un estilo impecable para sus estrellas, los grandes directores recurrían a diseñadores de renombre para vestir a sus actores y actrices tanto dentro como fuera de la pantalla. Son de sobra conocidos los icónicos vestidos que Hubert de Givenchy creó para Audrey Hepburn en filmes como *Ariane* (1957) y *Desayuno con diamantes* (1961), pero también Louis Vuitton tuvo su espacio en estas producciones. Sus famosos baúles de viaje aparecieron en películas como *El embrujo de París* (1957) y *Ariane*. De hecho, Hepburn fue una gran admiradora de la marca e incluso encargó una versión más pequeña del clásico bolso Speedy, diseñada específicamente para ella. Así nació el Speedy 25, más compacto que el modelo original, que pronto se convirtió en uno de los bolsos más vendidos de Louis Vuitton.

Más allá de su fama, este nuevo perfil de cliente era una clara muestra de la evolución de los gustos y hábitos de la sociedad. Louis Vuitton había dejado de ser una marca asociada exclusivamente a la aristocracia y a los viajes transatlánticos, para atraer a una generación que buscaba un lujo más accesible y acorde con un estilo de vida ágil y cosmopolita. La idea romantizada del viaje, vinculada a la opulencia de largos trayectos en barco o en tren, había quedado atrás. En su lugar, surgía una nueva era dominada por una juventud dorada cuyo paraíso soñado era Saint-Tropez, un antiguo pueblo de pescadores convertido en el refugio predilecto de los ricos y famosos. Este enclave se volvió el epítome del

Jane Fonda, con el bolso Keepall de Louis Vuitton, y Roger Vadim escuchan a Bob Dylan en el Festival de la isla de Wight, el 31 de agosto de 1968.

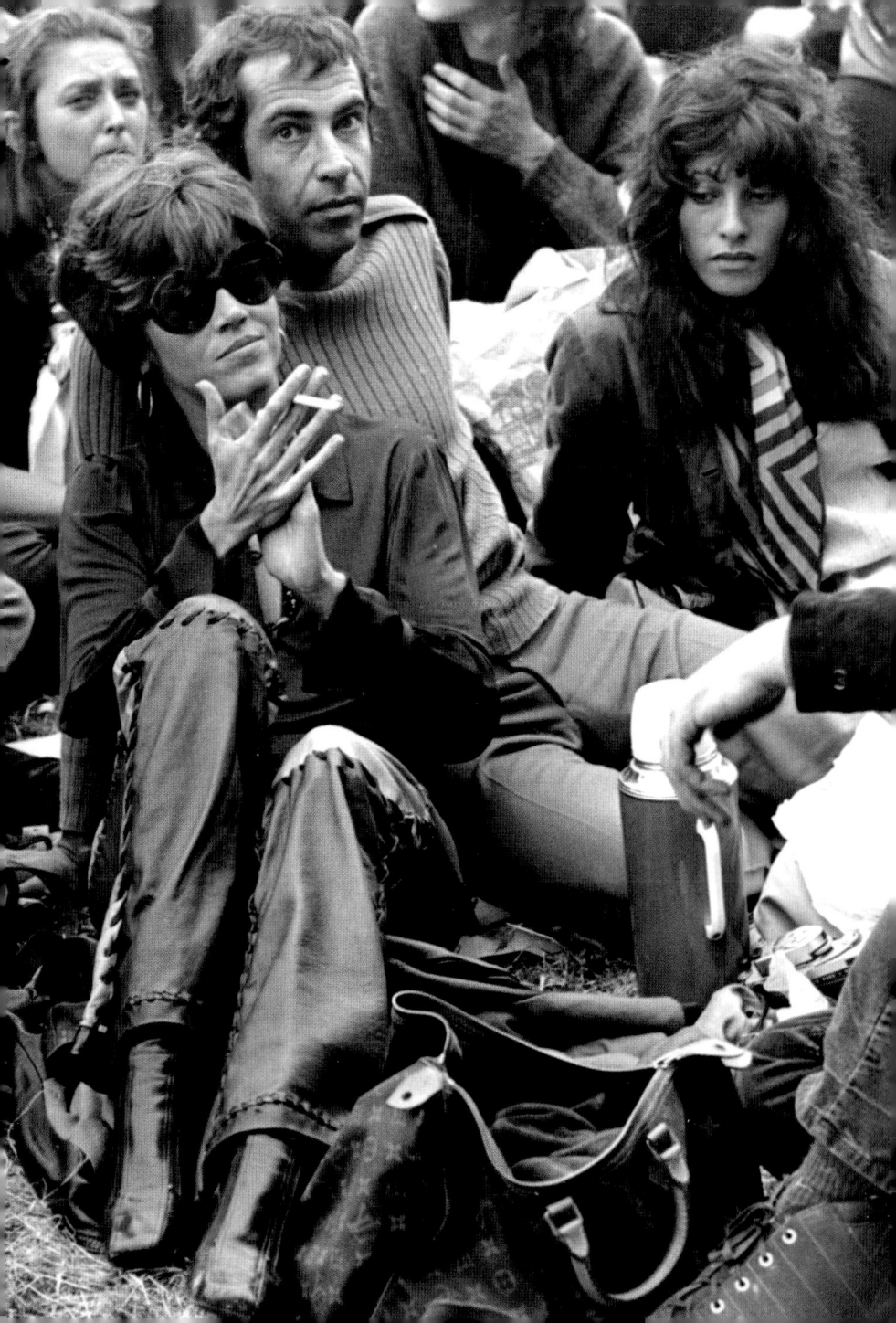

verano sensual y despreocupado, lleno de sol, coches caros y una sutil indiferencia, al estilo de la novela *Bonjour tristesse* de Françoise Sagan, combinada con el hedonismo desenfrenado que Brigitte Bardot encarnó en *Y Dios creó a la mujer* (1956).

Al mismo tiempo, este espíritu de libertad y aventura también se reflejaba en Europa a través del cine de la *nouvelle vague*, que a su vez influía estéticamente a toda una generación, favoreciendo una retroalimentación constante. Tanto el cine francés de los años 60 como los jóvenes que adoptaban este estilo de vida compartían un enfoque más libre de las convenciones, que rompía con la rigidez del pasado. Camisetas a rayas, pantalones ajustados, vestidos sencillos y cortes de pelo a lo *garçon* —como los que popularizó Jean Seberg en *Al final de la escapada* (1960)— se convirtieron en símbolos de una juventud que valoraba la velocidad, la autenticidad y la libertad por encima de las normas tradicionales. Una juventud que se movía rápido.

Una vez más, Louis Vuitton supo adaptarse a este nuevo espíritu. Gracias a la creación de una lona revestida de PVC, la marca logró que sus diseños resultaran más flexibles y resistentes, perfectos para esta forma de vida acelerada. Claude-Louis, al frente del taller de Asnières-sur-Seine, aprovechó las posibilidades creativas que abría este innovador material y revitalizó modelos icónicos como el Speedy, el Keepall y el Steamer, y expandió la línea de los bolsos urbanos con nuevas propuestas. Incluso Noé, una bolsa diseñada en 1932 para transportar botellas de champán, se benefició de este revestimiento y gracias a él se convirtió en uno de los artículos más codiciados de la marca. De nuevo Louis Vuitton se adaptaba a los nuevos tiempos sin perder un ápice de su esencia, consolidándose como símbolo de modernidad y elegancia práctica.

Retrato de la cantante y actriz francesa Juliette Gréco con un bolso Louis Vuitton. Roma, años 70.

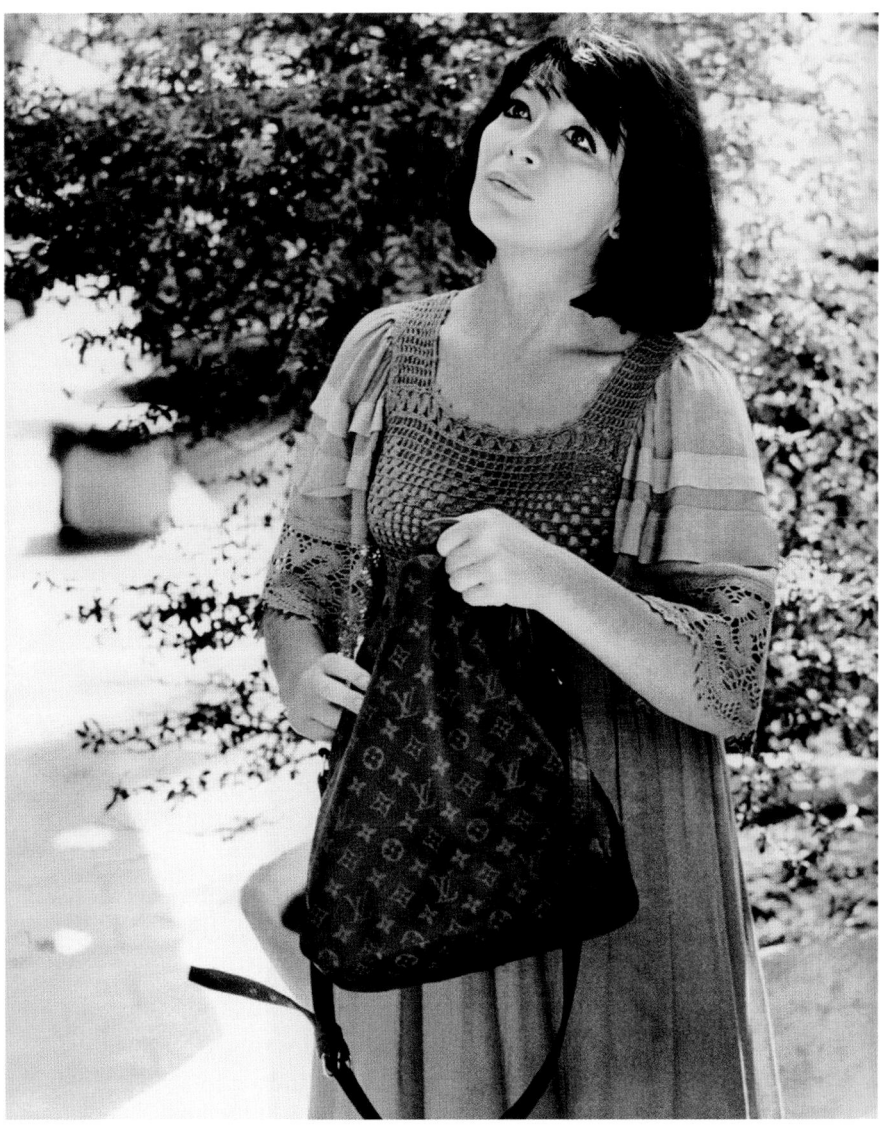

Aun así, la gran proyección que experimentó la marca en los años 60 no se debió solo a la innovación de sus productos. El auge de la publicidad y la revolución de la fotografía de moda transformaron la percepción del lujo y crearon un nuevo contexto que Louis Vuitton supo aprovechar muy bien para proyectar su visión de la modernidad, alcanzando así a una audiencia global ansiosa por consumir imágenes que representaran no solo productos, sino un estilo de vida que prometía libertad y una distinción sin pretensiones.

LA REVOLUCIÓN VISUAL

En los 60, la fotografía de moda experimentó una transformación radical que redefinió tanto la forma de capturar y representar el estilo como la manera de percibir y consumir la moda. Los editores de moda dejaron de buscar únicamente a fotógrafos especializados en alta costura y empezaron a recurrir a profesionales de la fotografía de reportaje, capaces de captar la naturalidad de la mujer común, aquella que no necesariamente era una modelo profesional. Este enfoque, más fresco y espontáneo, creó una nueva estética visual, reflejo de los valores de una generación ávida de autenticidad, libertad y modernidad. El artificio de la pose y las imágenes estáticas, rígidas y controladas de estudio dieron paso a sesiones al aire libre en las que se fotografiaba a las modelos en pleno movimiento por las calles de Londres o París.

Al mismo tiempo, el modelo de mujer que se quería retratar también cambió. Ya no se buscaba la figura clásica de la fémina adornada únicamente para la mirada del hombre, sino que la cámara ahora prefería a una mujer joven, soltera y económicamente independiente que centraba su interés en el consumo y en su propio estilo, antes que en la maternidad o la adoración masculina. Este tipo de mujer, dinámica y moderna, representaba una ruptura con los modelos anteriores y personificaba el espíritu de los nuevos tiempos.

En esta década, Vuitton no dudó en reinventar su estética publicitaria para alinearse con este nuevo espíritu. Fotógrafos del momento como David Bailey o Richard Avedon realizaron campañas para la marca y en la edición británica de *Vogue* de 1967 una joven Twiggy, icono pop de la década, posaba con artículos de Vuitton para Bert Stern, conocido por su sesión con Marilyn Monroe poco antes de su muerte. En una de las imágenes, la modelo, con su característico pelo corto, sostenía un bolso Papillon, un diseño cilíndrico recién lanzado por Louis Vuitton, mientras que en la otra, el protagonismo recaía sobre un bolso sobre. Ambas fotografías redefinían la imagen de Louis Vuitton y reflejaban la evolución del concepto del lujo, ahora centrado en la funcionalidad y una sofisticación más relajada.

Aunque los 60 fueron prósperos para la marca, el éxito de Louis Vuitton se enfrentaría a un punto de inflexión a principios de la década siguiente. El momento crucial lo marcó el fallecimiento de Gaston-Louis Vuitton, nieto del fundador, el 17 de marzo de 1970. Con su partida, la empresa entró en una etapa de estancamiento. La marca seguía siendo reconocida, pero su crecimiento empezó a ralentizarse, y el traspaso de liderazgo de padres a hijos, que había funcionado muy bien durante tres generaciones, ya no fue suficiente para enfrentar los nuevos desafíos del mercado. Hacía falta aire fresco, alguien con una visión diferente que pudiera llevar a la firma a nuevos horizontes y convertirla en el gigante internacional que es hoy.

Página siguiente
Campaña del fotógrafo Bert Stern para *Vogue* (1967). En la foto a color, la modelo Twiggy sostiene el bolso Papillon de Louis Vuitton, lanzado en 1966 e inspirado en la silueta de una mariposa. En la imagen en blanco y negro, destaca un elegante bolso tipo sobre de la *maison*.

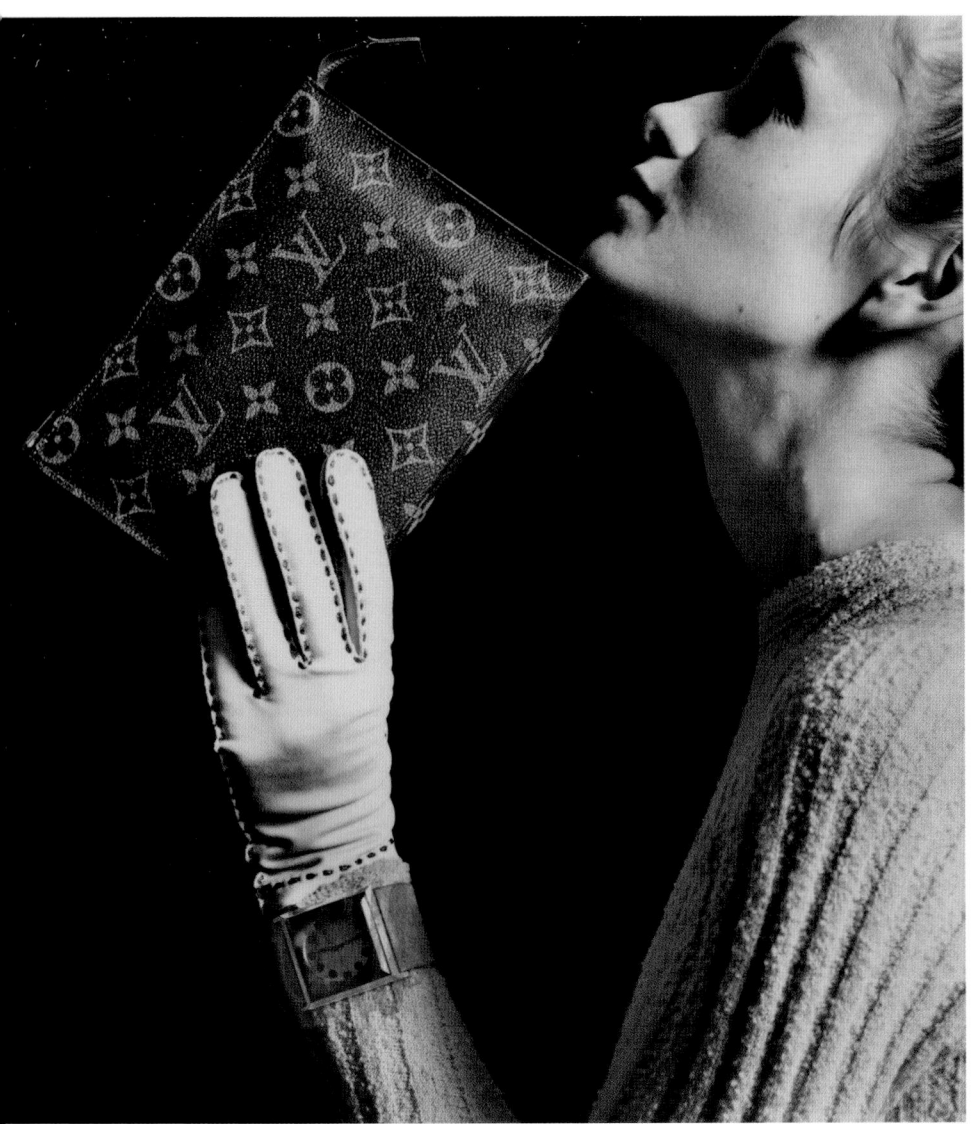

LOUIS VUITTON

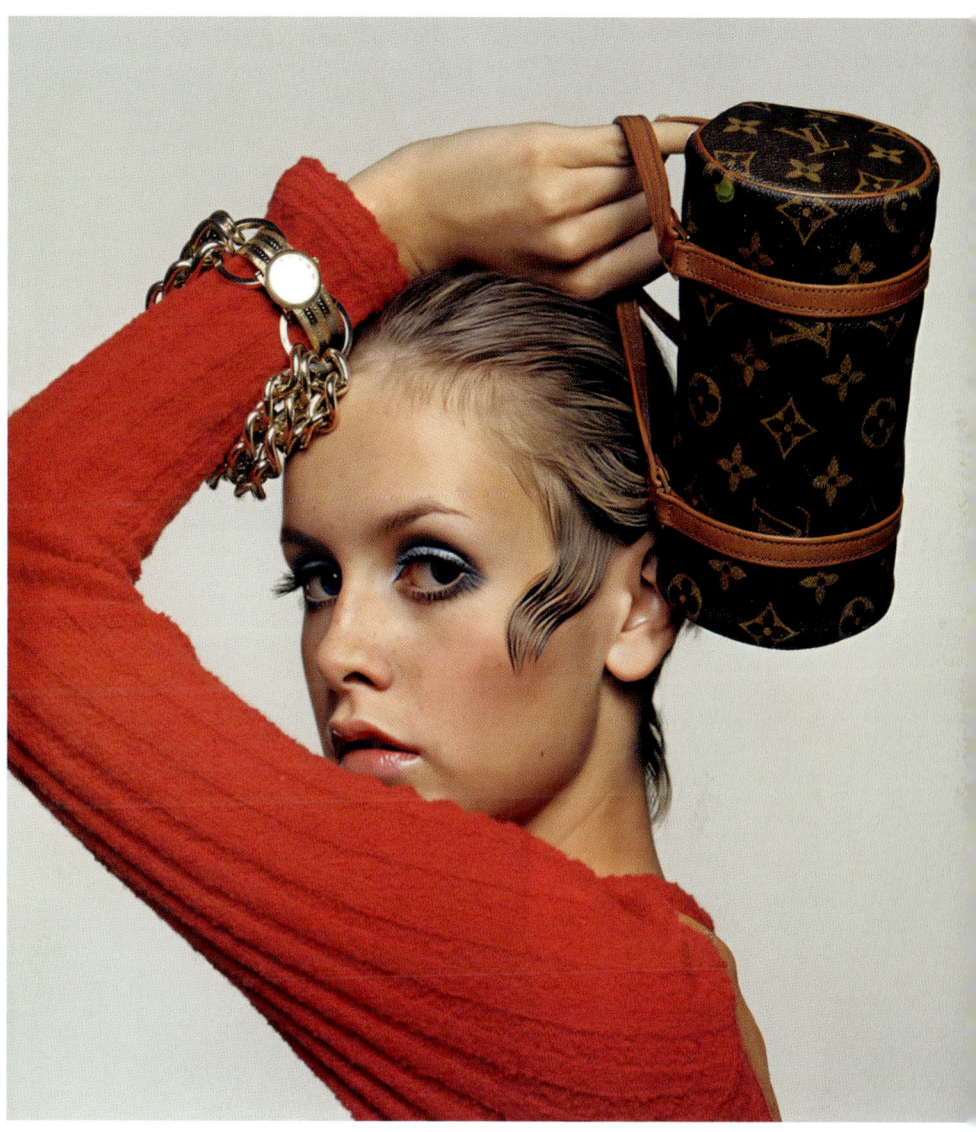

EL NACIMIENTO DE
UN IMPERIO

Desde su fundación en 1854, Louis Vuitton se había convertido en sinónimo de prestigio y elegancia y había logrado mantenerse como un referente del lujo durante más de un siglo. Sin embargo, los años posteriores a la muerte de Gaston-Louis Vuitton fueron un periodo de estancamiento. Con apenas tres tiendas —en París, Niza y Londres— y unos ingresos anuales de solo 14 millones de dólares, la marca, aunque respetada, necesitaba urgentemente adaptarse a los nuevos tiempos.

Para una empresa familiar que se había mantenido fiel al legado de su fundador, pasando de padres a hijos, no era fácil recurrir a ayuda externa. Hasta ese momento, el negocio siempre había sido dirigido por descendientes directos de Louis

Vuitton, y la idea de ceder el control a alguien ajeno generaba dudas en el seno de la familia. Tras muchas discusiones, se decidió que la presidencia recayera en Henry Racamier, un hombre con gran visión empresarial y esposo de Odile Vuitton, una de las hijas de Gaston-Louis Vuitton.

Racamier, al igual que Louis Vuitton, provenía de la región del Jura, un detalle que no deja de ser significativo. Aunque carecía de experiencia en la industria del lujo, su trayectoria en el sector del acero le brindaba una aguda perspectiva empresarial, cualidad que, junto a su mentalidad pragmática, serían clave para revitalizar la marca. Ambicioso y con un objetivo claro, Henry Racamier se propuso transformar una casa icónica, pero estancada en el pasado, en una potencia global del lujo.

Uno de sus primeros movimientos fue sustituir el modelo de franquicias por filiales controladas directamente. Hasta ese momento, los empresarios locales decidían de manera autó-

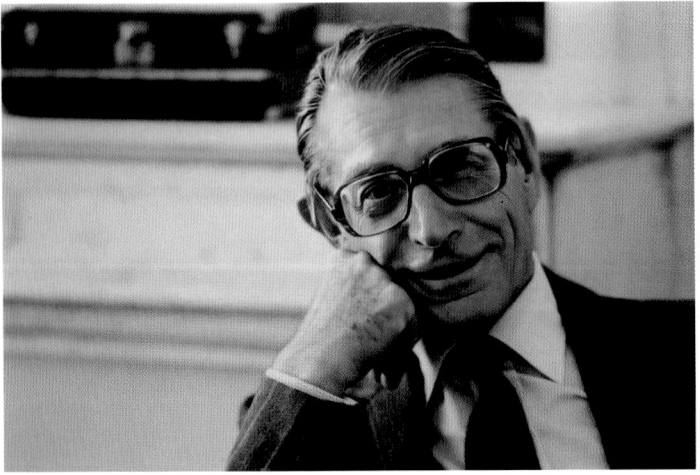

Henry Racamier, yerno de Gaston-Louis Vuitton y presidente de Louis Vuitton, en su oficina de París en noviembre de 1987.

noma cómo promocionar y vender los productos en sus tiendas, lo que creaba inconsistencias en la imagen global de Louis Vuitton. Racamier entendió que, para ofrecer una experiencia de lujo coherente y reforzar la identidad de la marca, era crucial centralizar el control. Al establecer filiales propias, no solo unificó el *marketing* y las ventas, sino que preparó a la empresa para una expansión internacional.

El primer mercado en el que focalizó sus esfuerzos fue Asia, un territorio que Gaston-Louis ya había identificado como clave para el futuro de la marca. En 1978, Louis Vuitton abrió sus primeras tiendas en Tokio y Osaka, y rápidamente se extendió por el resto de Asia. Aprovechando la creciente demanda de productos de lujo, la marca comenzó a establecerse en Indonesia, Taiwán, Tailandia y otros países de la zona. Muchas de estas tiendas se encontraban ubicadas en hoteles de alto *standing*, una estrategia brillante que permitió a Louis Vuitton llegar directamente a sus clientes potenciales ideales: los viajeros con un alto poder adquisitivo.

El interés de Henry Racamier por Asia no implicó que descuidara otros mercados. En diciembre de 1981, Louis Vuitton inauguró su tienda en la calle 57 de Nueva York, lo que marcó el inicio de su expansión en Norteamérica. Mientras tanto, la marca también reforzó su presencia en Europa con la apertura de tiendas en otras ciudades clave. Este crecimiento coordinado en Asia, Norteamérica y Europa hizo que Louis Vuitton se convirtiera en una de las marcas de lujo más globalizadas del mundo, garantizándole el acceso a una clientela cosmopolita y exigente.

De este modo, en plena recesión económica de los años 80, una década marcada por la caída del poder adquisitivo, ciertos cambios en los hábitos de consumo y una feroz competencia en el sector del lujo, Louis Vuitton, bajo el liderazgo de Racamier, supo enfrentar con éxito todos los desafíos de la época. Entre ellos, el serio problema de las falsificaciones y los productos de imitación, que empezaba ya a afectar gravemente a muchas marcas de lujo.

En este contexto, la firma necesitaba más que nunca fortalecer su identidad a través de una narrativa visual mucho más espectacular y coherente. Louis Vuitton debía rescatar el alma del viaje, pero con una puesta en escena audaz y grandiosa que reflejara su legado al tiempo que conectara con las aspiraciones modernas. Para lograrlo, la *maison* recurrió al talento del fotógrafo Jean Larivière, cuyo enfoque, casi cinematográfico, se convirtió en la herramienta ideal para plasmar esta nueva visión.

EL ARTE DE VIAJAR

En 1978, Henry Racamier, junto con Jean-François Bentz, director de la agencia de publicidad RSCG, encargó a Jean Larivière la creación de una nueva identidad visual para la marca. Así nació la serie titulada *L'Âme du Voyage*, en la que Larivière plasmó el espíritu aventurero y explorador de Louis Vuitton. Esta colaboración, que marcaría el inicio de una relación de más de treinta años, transformó por completo la imagen de Vuitton.

Larivière tenía una noción muy clara de lo que podía aportar él a Vuitton. En sus fotografías, quería transmitir una idea de lujo ligada a lo eterno, a lo imperecedero. Su objetivo era crear imágenes que trascendieran el tiempo, que fueran tan contemporáneas como atemporales, capturando la esencia del pasado, el presente y el futuro. Para lograrlo, no dudó en viajar a algunos de los lugares más remotos del mundo, desde los majestuosos paisajes de Nepal y Myanmar hasta las vastas llanuras de Chile y Camerún, pasando por las impresionantes tierras de Groenlandia y la India. En cada uno de estos destinos, Larivière esperaba pacientemente durante horas hasta que la luz fuera la más adecuada para inmortalizar un instante perfecto.

Su perfeccionismo dio lugar a fotografías sobrias y mágicas en las que los baúles y las maletas de Louis Vuitton —a veces apenas una sutil alusión al icónico logo— parecían estar suspendidos en una temporalidad difusa, lejos de cualquier anclaje al presente. Las imágenes de Larivière no solo evocaban una atmósfera de aventura, sino que apuntaban a algo más profundo: una conexión con lo eterno. Mediante paisajes inmensos, cielos infinitos y horizontes lejanos, sus instantáneas sugerían que el lujo que ofrecía Vuitton no estaba limitado por el tiempo ni por el espacio, sino que los trascendía a ambos, manteniéndose impasible ante el paso de los años.

Con su trabajo, el fotógrafo francés consiguió capturar el alma del viaje y ayudó a la marca a forjar una imagen internacional basada en la calidad, el prestigio y el *savoir-faire* a través del arte de viajar. Este enfoque artístico y emocional de Larivière inauguró una tendencia que Louis Vuitton mantendría en sus posteriores colaboraciones con artistas contemporáneos, como estrategia para contrarrestar los efectos de la globalización y la creciente banalización del lujo. En los años venideros, la vinculación de la marca con el arte se convertiría en un elemento esencial para preservar su exclusividad y consolidaría su estatus no solo como fabricante de productos de lujo, sino también como referente cultural.

Louis Vuitton. The art of travel.

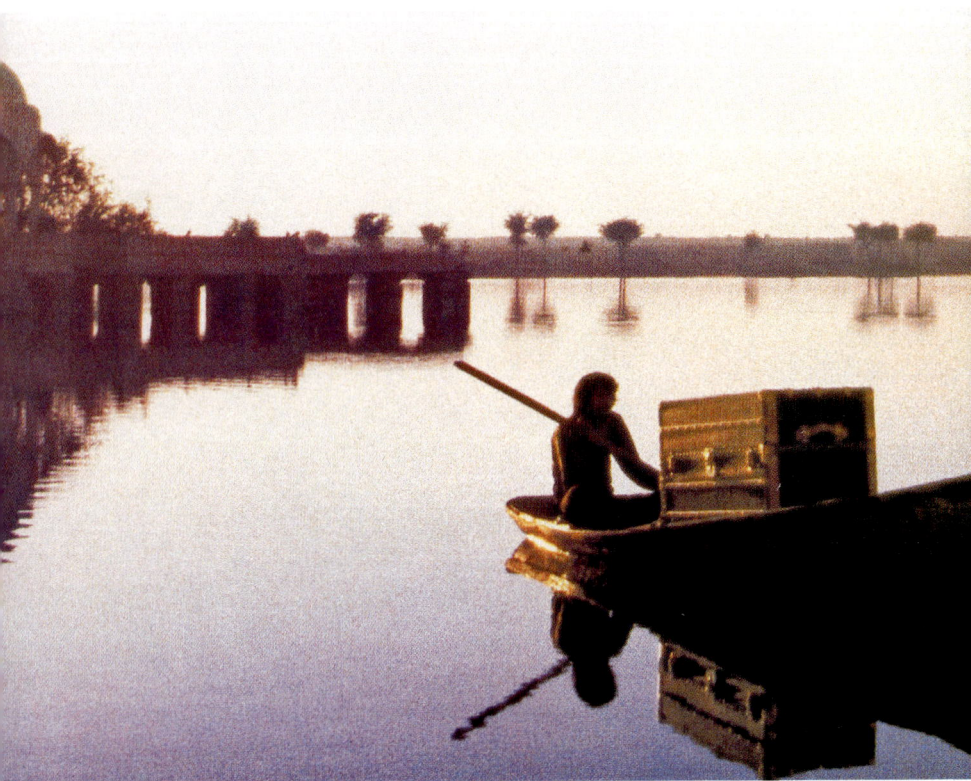

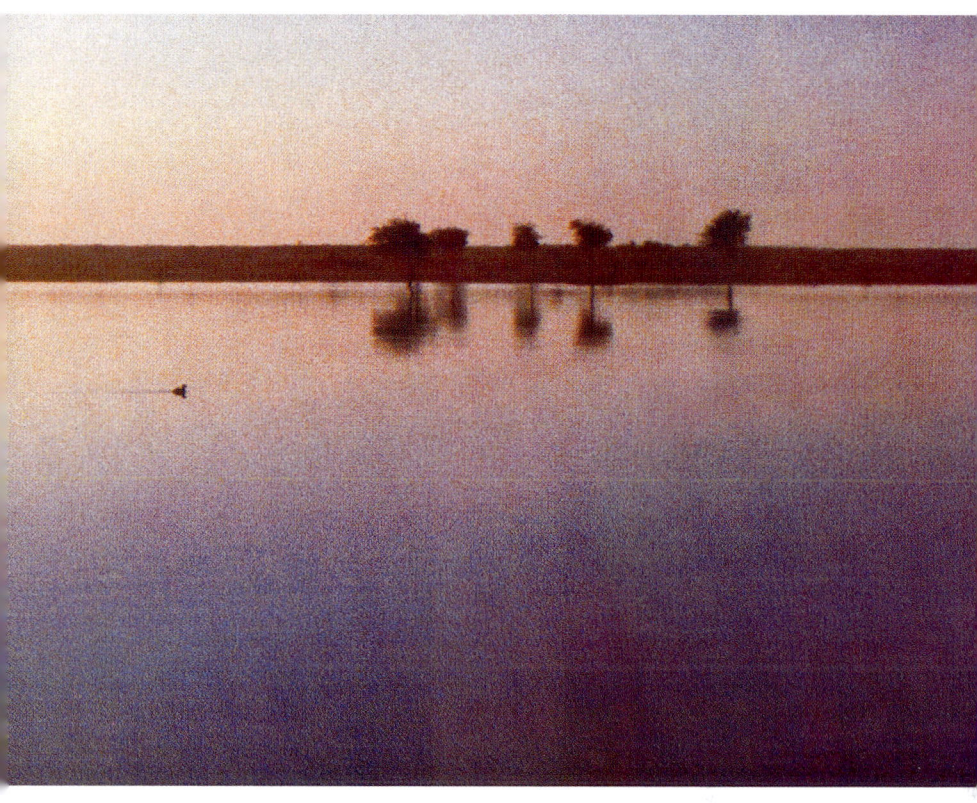

V L Some travellers have talent. They
look upon travel as an art.

These true connoisseurs require the best
instruments, and it is for them that the Louis
Vuitton craftsmen manufacture luggage.

For well over one hundred years, they
have fashioned trunks, suitcases and bags that
bear the Louis Vuitton stamp of durability,
strength and refinement. They scrupulously
choose materials that meet the most exacting
standards. They also perpetuate the tradition
of custom-made luggage.

The Louis Vuitton concept of luggage is
unique. It has been maintained since 1854.

In Paris and the major cities of the world.

LOUIS VUITTON
MALLETIER A PARIS

MAISON FONDEE EN 1854

EL IMPERIO DEL LUJO

En 1984, justo cuando Louis Vuitton empezaba a cotizar en bolsa, Racamier comprendió que para maximizar el potencial de la empresa y rentabilizar su creciente red comercial era esencial diversificar sus actividades. Con ese objetivo en mente, el director de la marca inició un plan estratégico que culminó en 1987 con una jugada maestra que transformaría Louis Vuitton y redefiniría la industria del lujo: la fusión con dos gigantes del champán y el coñac, Moët & Chandon y Hennessy, dando lugar a LVMH, el primer gran conglomerado del sector.

Sin embargo, el control de un conglomerado tan poderoso como LVMH era muy codiciado, y pronto surgieron tensiones internas. Racamier entró en conflicto con Alain Chevalier, presidente de Moët & Chandon, a quien acusó de intentar centralizar y controlar el grupo, desplazando a Louis Vuitton dentro del conglomerado. Ante la creciente presión, Racamier buscó el apoyo de Bernard Arnault, un joven y ambicioso empresario del sector inmobiliario, confiando en que este lo ayudaría a mantener el liderazgo y la independencia de Louis Vuitton dentro de LVMH. Pero lo que en un primer momento parecía una alianza estratégica terminó desencadenando una nueva lucha de poder, que acabó con Arnault desplazando a Racamier. Este finalmente abandonó la empresa en 1990.

En medio de estas turbulencias empresariales, Louis Vuitton se enfrentaba a otro desafío aún mayor. El monograma de la firma había alcanzado tal popularidad que, con el paso del tiempo, se había convertido en víctima de su propio éxito; la sobreexposición y la proliferación de falsificaciones comenzaron a erosionar su estatus como símbolo de exclusividad. Ante

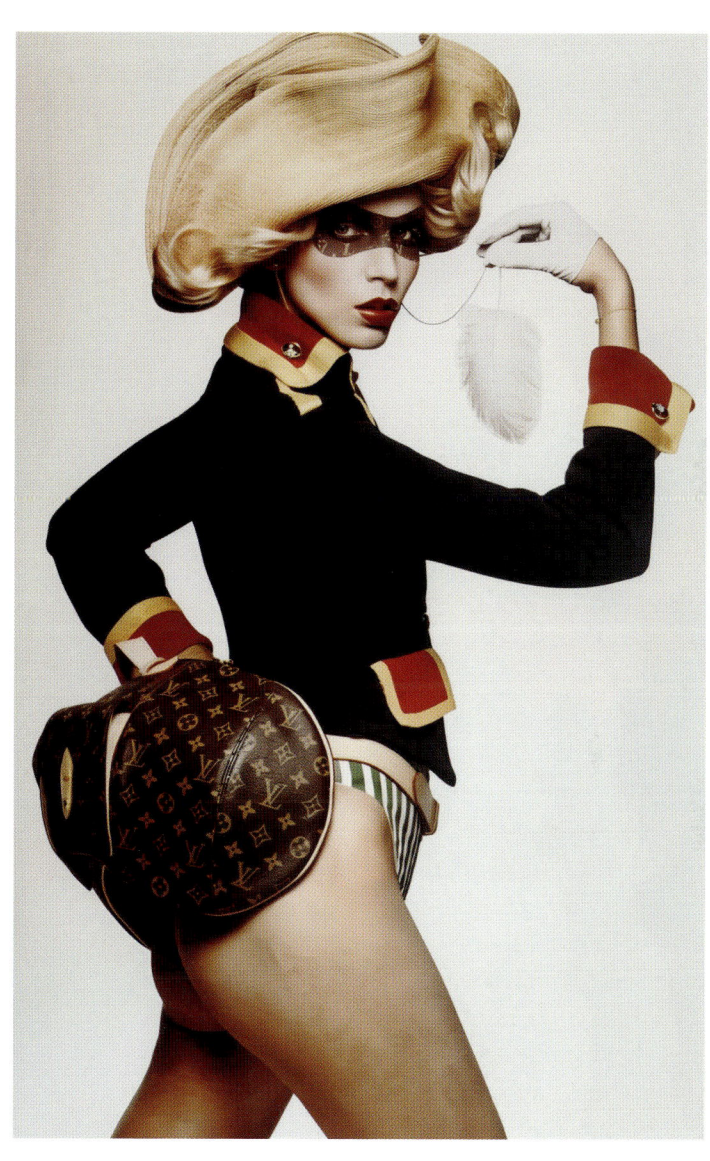

Campaña de
los fotógrafos
Inez van
Lamsweerde
y Vinoodh
Matadin para
Louis Vuitton.
En la
instantánea, la
modelo Nadja
Auermann luce
un diseño de
Vivienne
Westwood
para la *maison*,
creada por el
centenario del
Monogram.

esta situación, y con motivo del centenario del Monogram en 1996, Louis Vuitton, ahora bajo la dirección de Arnault, decidió que era el momento de revalorizar su icónica lona. La marca convocó a siete diseñadores de renombre internacional —Vivienne Westwood, Manolo Blahnik, Azzedine Alaïa, Isaac Mizrahi, Romeo Gigli, Sybilla y Helmut Lang— y los desafió a crear su versión del artículo de viaje perfecto. La exitosa colección incluyó desde elegantes cajas para guardar zapatos y vinilos hasta fundas para ropa, todas reinterpretadas con el famoso Monogram.

Ese mismo año, reintrodujo la icónica lona Damier, un tanto eclipsada por el Monogram, con el nombre de Damier Ebene para devolverle protagonismo en el mercado del lujo. Esta renovación no era un hecho aislado: ya en los años 80 Vuitton había demostrado su capacidad de innovar con la creación del cuero Epi, un material texturizado, duradero y resistente al agua que aportaba funcionalidad sin sacrificar estilo. En esta misma línea, la firma también amplió su oferta con nuevos artículos de equipaje, como las maletas Satellite y los bolsos de viaje Alizé.

Pero la ambición de la marca no se detendría aquí. Arnault vislumbraba una nueva dimensión para Louis Vuitton. En 1997, la *maison* dio un paso decisivo al nombrar al diseñador estadounidense Marc Jacobs como su primer director creativo. Era el momento de que la casa, históricamente reconocida por sus maletas y artículos de viaje, también dejara su huella en la alta costura.

La modelo Maggie Rizer posa para una campaña de *Vogue* en 1998, luciendo un elegante traje gris de Louis Vuitton diseñado por Marc Jacobs y sosteniendo un transportín de gatos de la *maison*.

En el negocio del lujo, tienes que construir sobre el legado
BERNARD ARNAULT

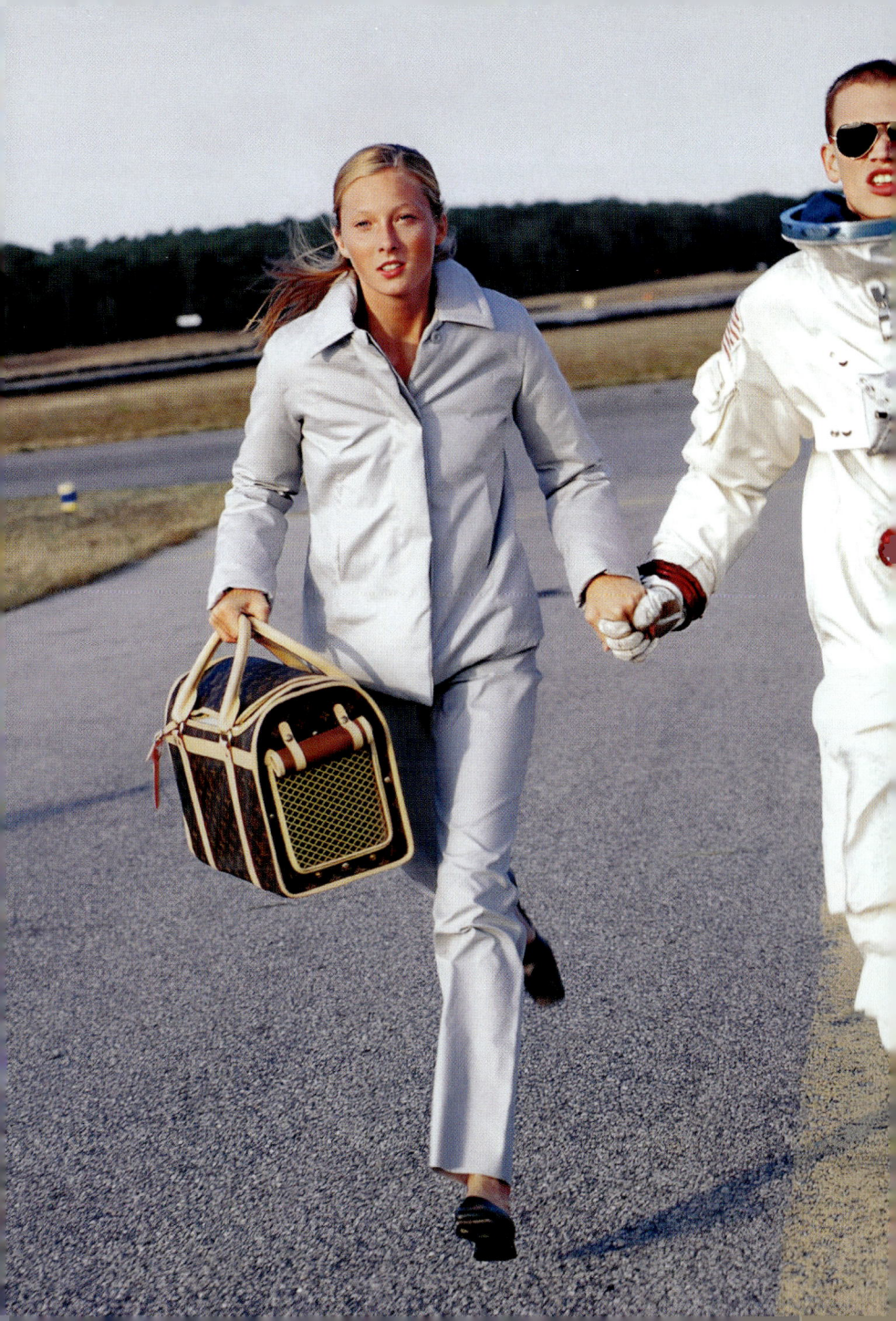

EL SALTO AL MUNDO
DE LA MODA

A finales de los años 90, Bernard Arnault, presidente de LVMH, decidió introducir a Louis Vuitton en el competitivo mundo de la alta costura. Esta jugada estratégica permitiría llevar a la *maison* a una nueva dimensión, expandiendo su prestigio más allá del equipaje de lujo. Sin embargo, también implicaba un riesgo considerable. Hasta ese momento, Louis Vuitton había sido sinónimo de tradición, artesanía y viajes, y la entrada en la moda podía representar una ruptura con su herencia y los valores que la habían definido durante más de un siglo.

Sin duda, el salto hacia la pasarela implicaba una transformación profunda para la marca. Vuitton, cuya reputación se había construido sobre productos atemporales y duraderos, ahora debía abrazar lo efímero, adaptándose al ritmo estacional de las colecciones de moda. Era un giro que contrastaba con la naturaleza imperecedera de los artículos clásicos de la casa, diseñados para durar generaciones. Aun así, era una oportunidad única para aprovechar el éxito comercial de Vuitton.

Arnault sabía que, para que esta incursión en el mundo de la moda fuera exitosa, la marca necesitaba un director creativo dinámico y con una perspectiva que consiguiera llevarla a un nuevo nivel sin perder su identidad. Era crucial que el elegido entendiera el valor de la tradición de Vuitton, pero que también estuviera comprometido con la innovación y con lograr que la firma entrara por la puerta grande en la alta costura. Marc Jacobs, un joven diseñador de 34 años, parecía la opción perfecta.

Jacobs, nacido en Nueva York en 1963, ya era considerado un joven prodigio en la industria de la moda antes de su llegada a Louis Vuitton. Graduado con honores por la prestigiosa Parsons School of Design, se había convertido en el diseñador más joven en recibir el premio Perry Ellis Award for New Fashion Talent, otorgado por el Consejo de Diseñadores de Moda de América (CFDA por sus siglas en inglés). Su proyecto final de carrera, una colección de chándales con *smileys* de color rosa, no solo causó un gran revuelo entre la crítica, sino que también captó la atención de su futuro socio, Robert Duffy, un influyente empresario que se encontraba entre los asistentes al desfile. Con apenas 21 y 28 años respectivamente, Marc Jacobs y Robert Duffy iniciaron una de las sociedades más fructíferas del mundo de la moda.

Tras formar equipo, consiguieron su primer gran trabajo en Perry Ellis en 1988. Su proyecto más polémico llegó cuatro años más tarde, en 1992, cuando Jacobs lanzó una colección inspirada

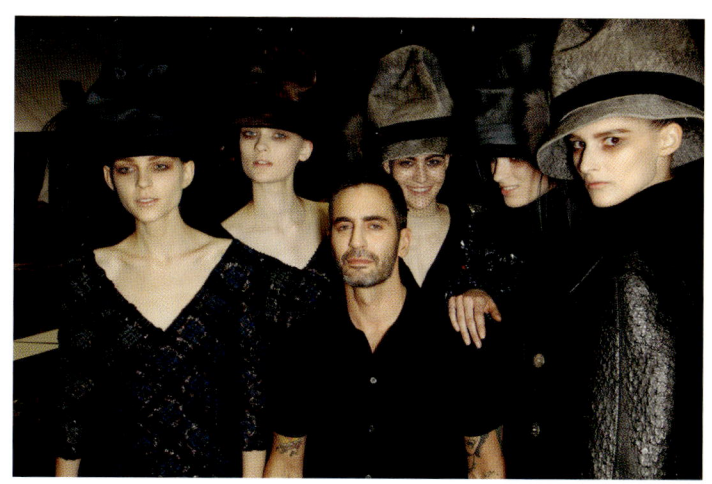

en el movimiento *grunge*, con claras referencias a grupos como Nirvana y figuras como Courtney Love, con quien Jacobs mantuvo una estrecha conexión a lo largo de su carrera. La colección incluía camisas de franela, vestidos de flores y botas militares, una combinación que rompía con las convenciones del lujo que predominaban en la moda norteamericana de la época.

Perry Ellis, una prestigiosa casa de moda conocida por su estilo clásico y elegante, comparable a marcas como Calvin Klein, no estaba preparada para una propuesta tan radical. Aunque algunos críticos aplaudieron la irreverencia de Jacobs, la colección también fue duramente criticada, con comentarios mordaces como el de la periodista y crítica de moda Cathy Horyn, quien afirmó: «El *grunge* es un anatema para la moda».

Esta atrevida colección le costó a Jacobs su puesto en Perry Ellis, pero también lo consolidó como un creador dispuesto a romper moldes y desafiar las normas del lujo.

Esta aura jugaba indiscutiblemente a su favor. En los años 90, una nueva generación de diseñadores rebeldes, como John Galliano, Alexander McQueen y Stella McCartney, estaba redefiniendo la moda con propuestas provocadoras y vanguardistas. Jacobs formaba parte de este grupo de *enfants terribles* que desafiaban el lujo clásico. Su perfil encajaba a la perfección con la visión de Bernard Arnault, quien veía en él al creador ideal para llevar a Louis Vuitton a una nueva era.

EL RENACER DE VUITTON: VANGUARDIA Y HERENCIA

El 9 de marzo de 1998, Louis Vuitton debutó en el mundo de la moda bajo la dirección creativa de Marc Jacobs. Para sorpresa de muchos, el diseñador optó por una estética minimalista. Presentó una colección depurada, con líneas limpias y colores neutros, en la que las piezas clave eran abrigos largos, vestidos lisos, camisas y pantalones anchos. El Monogram, símbolo icónico de la *maison*, fue intencionadamente relegado a un segundo plano, toda una declaración de diseño pragmático y funcional. En julio de ese mismo año, Jacobs afirmó en *Vogue* que las prendas eran «contemporáneas, clásicas, lujosas... utilitarias y prácticas», una afirmación que reflejaba su voluntad de fusionar la tradición de Louis Vuitton con una modernidad funcional y elegante.

La colección sorprendió a la crítica especializada. En una reseña publicada el 10 de marzo de 1998 en *The New York Times*, Suzy Menkes comentaba: «El problema con la colección —entendible como un primer intento— es que Jacobs no expresó

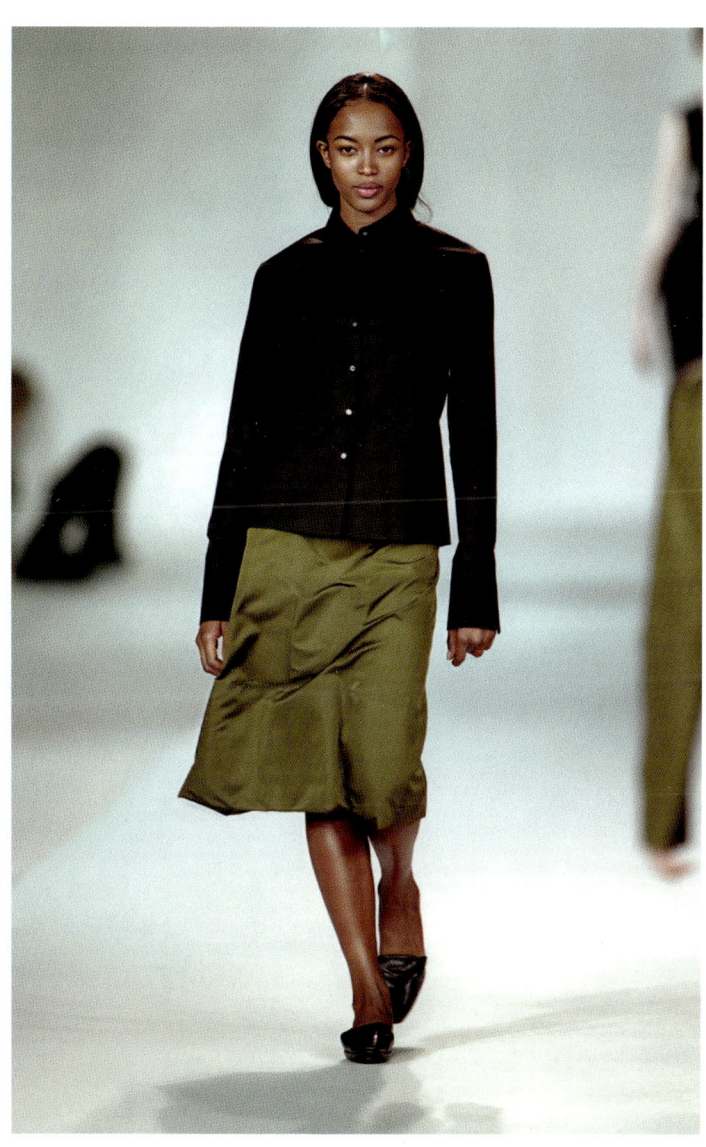

Naomi
Campbell
en su primer
desfile para
Louis Vuitton,
dirigido por
Marc Jacobs.
Las prendas se
caracterizaron
por el
minimalismo y
las líneas puras.

el alma de Vuitton, sinónimo de los viajes de lujo. Los suéteres y las faldas, las chaquetas cuadradas y las camisetas eran solo otra versión de la familiar visión minimalista de Helmut Lang y Prada que ha dominado la moda de los 90».

Pese al tibio recibimiento, el primer desfile de Jacobs para Vuitton sí logró captar la atención de la prensa de manera espectacular. El evento ya era noticia incluso antes de que comenzara. Naomi Campbell y otras *top models* quedaron atrapadas en Milán justo antes del desfile, y Jacobs, consciente del poder de la imagen, decidió enviarles un *jet* privado lleno de maletas y bolsos de viaje Vuitton. Al aterrizar, Campbell se

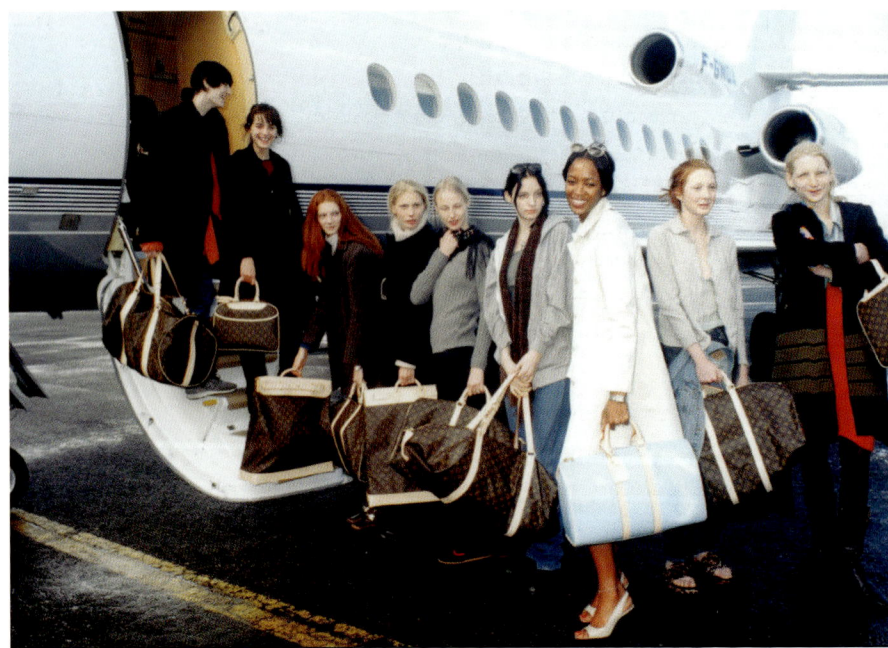

aseguró de que hubiera *paparazzi* en el aeropuerto para inmortalizar el momento. Las fotos de la supermodelo bajando del avión con el equipaje de la firma se convirtieron en una campaña publicitaria brillante, que aseguró que la marca estuviera en el centro de todas las miradas.

Temporada tras temporada, Jacobs fue transformando el estilo de Louis Vuitton de manera gradual. Su aguda sensibilidad hacia las tendencias lo llevó a incorporar la estética de los años 80 en la colección Otoño-Invierno 2000-2001, justo cuando ese estilo empezaba a conectar con una nueva generación de diseñadores. Jacobs combinó jerséis *oversize*, boinas y minivestidos de lentejuelas, creando una mezcla que le aportaba un toque moderno al espíritu desenfadado de la década.

Con la popularización de la tendencia folk, Marc Jacobs revitalizó la estética de la *maison* expandiendo su paleta cromática y recurriendo a estampados y detalles artesanales. La colección Primavera-Verano 2002, de inspiración bohemia, se caracterizó por una atmósfera romántica y soñadora que se reflejaba en cada prenda, desde los vestidos largos de cachemira que rozaban el suelo hasta las piezas más atrevidas, como una falda de piel de serpiente a la que Jacobs consiguió dar una apariencia suave y delicada.

Una de las características más destacadas de Marc Jacobs en Louis Vuitton fue su capacidad para infundir un aura de accesibilidad a la alta costura, reinterpretando los códigos del lujo sin comprometer su esencia. Como señaló Sarah Mower en *Vogue*, «Marc Jacobs ha encontrado la manera de sorprender y deleitar al centrar su atención en ese espacio intermedio olvidado entre lo glamuroso y lo cotidiano». Esta habilidad se reflejó claramente en la colección Otoño-Invierno 2002-2003,

Naomi Campbell, Trish Goff, Amy Wesson, Michele Hicks, Esther De Jong, Kirsty Hume, Kristen Owen, Zora Star y Sunnva Stordel llegan al aeropuerto de París-Le Bourget a tiempo para el primer desfile de Marc Jacobs para Louis Vuitton.

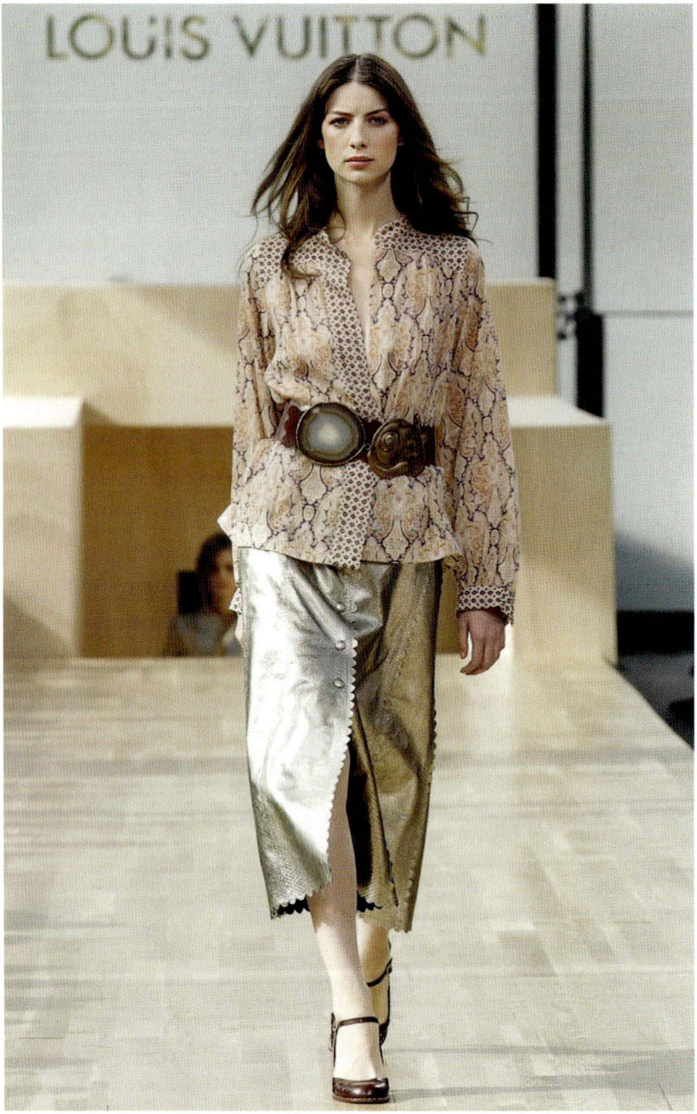

LOUIS VUITTON

A la izquierda,
Caitriona Balfe
en el desfile de
Primavera-
Verano 2002
con una falda
de piel de
serpiente.
Abajo, botas de
inspiración folk
de la misma
colección.
A la derecha,
una modelo
luce un *look
casual* y chic
de la colección
Otoño-Invierno
2002-2003, con
chaleco de
cuero y bolso
con el icónico
Monogram.

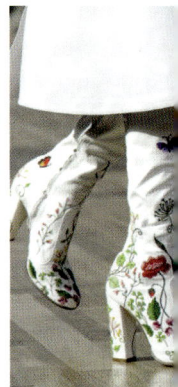

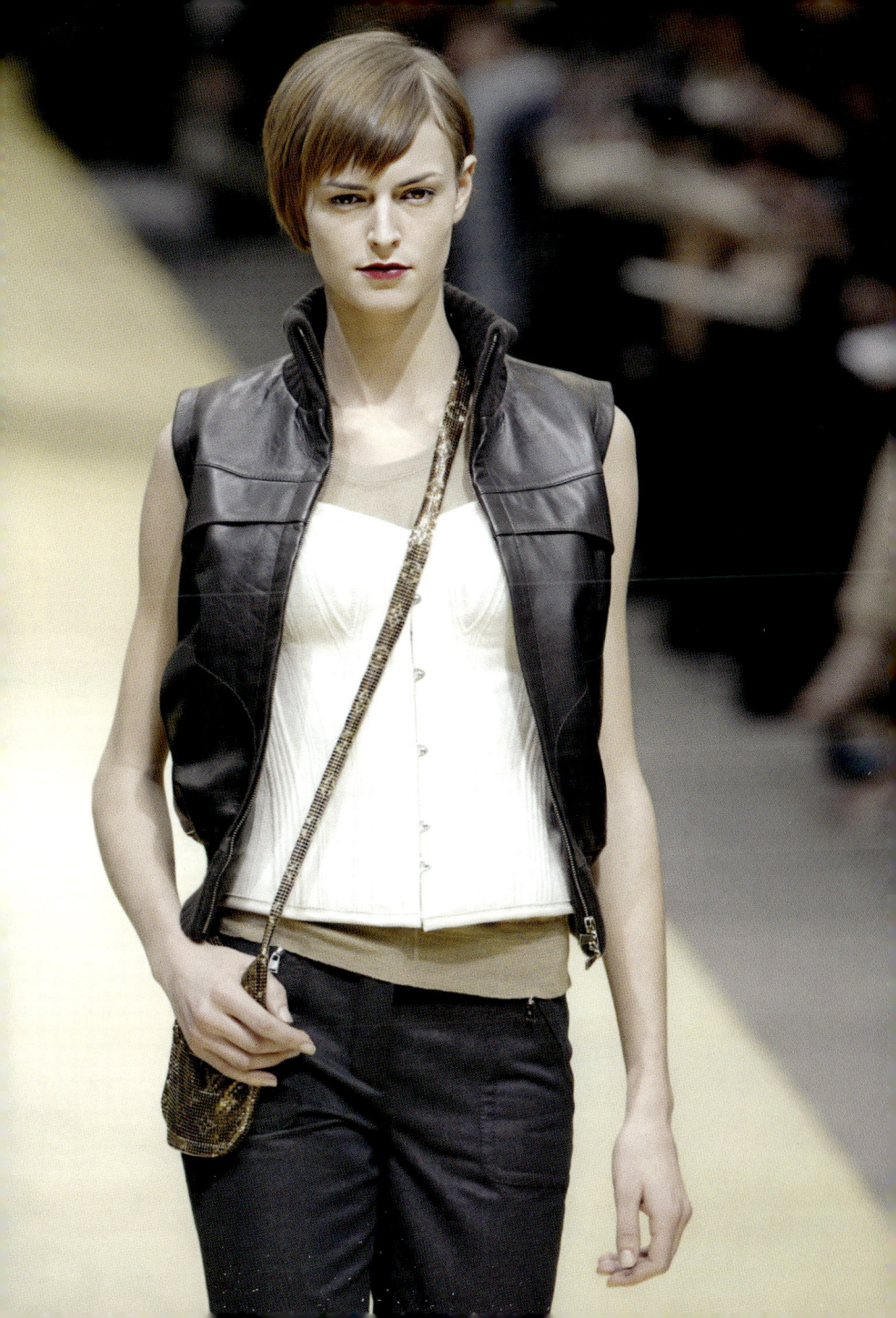

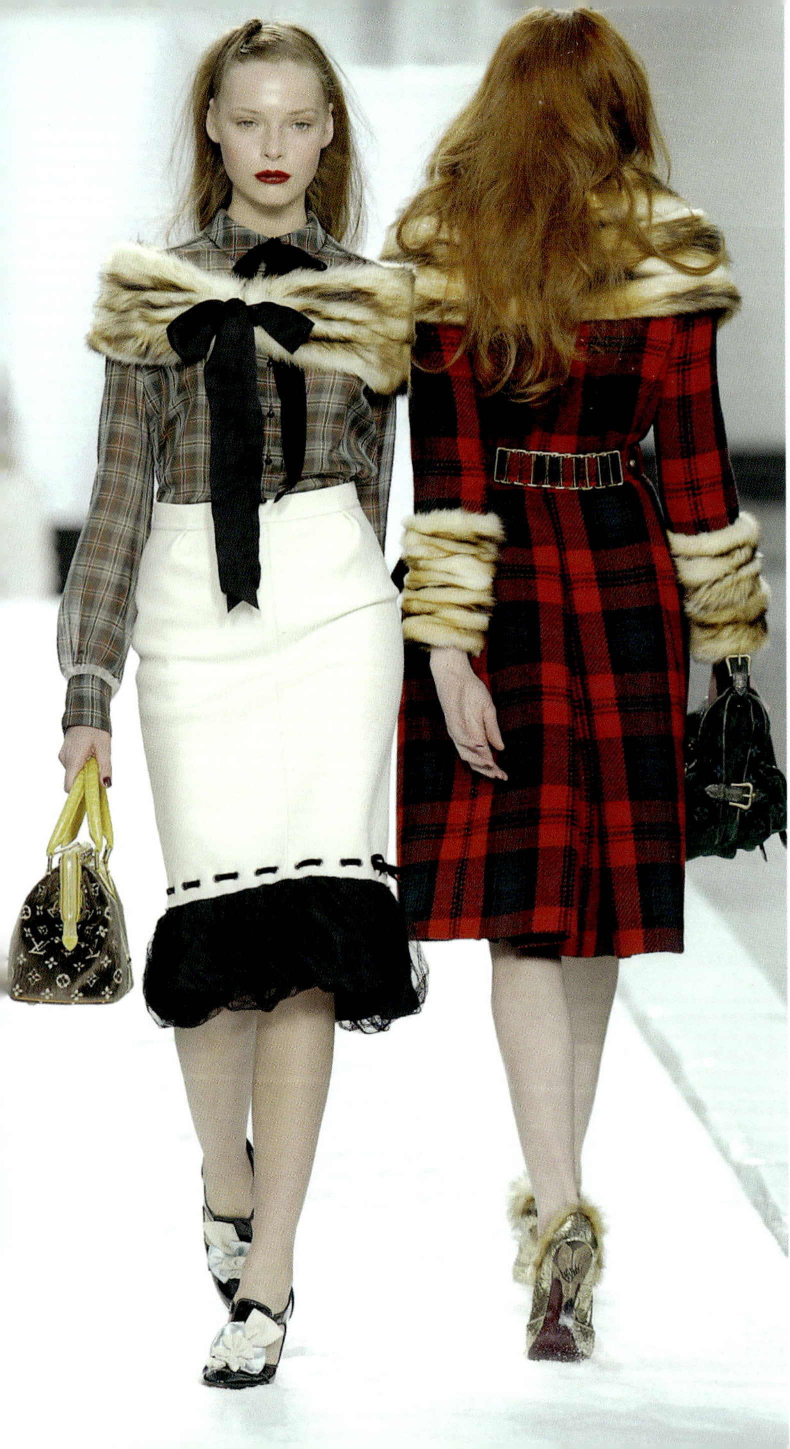

La exitosa colección Otoño-Invierno 2004-2005 de Marc Jacobs destacó por el uso de tartán, pieles, satén y el icónico monograma, evocando las Highlands escocesas. Incluso los emblemáticos bolsos de la marca se adaptaron a esta estética con detalles de flecos y tonos verdosos.

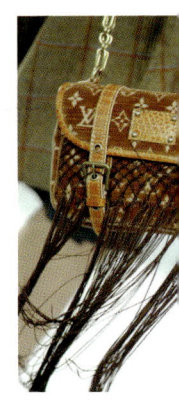

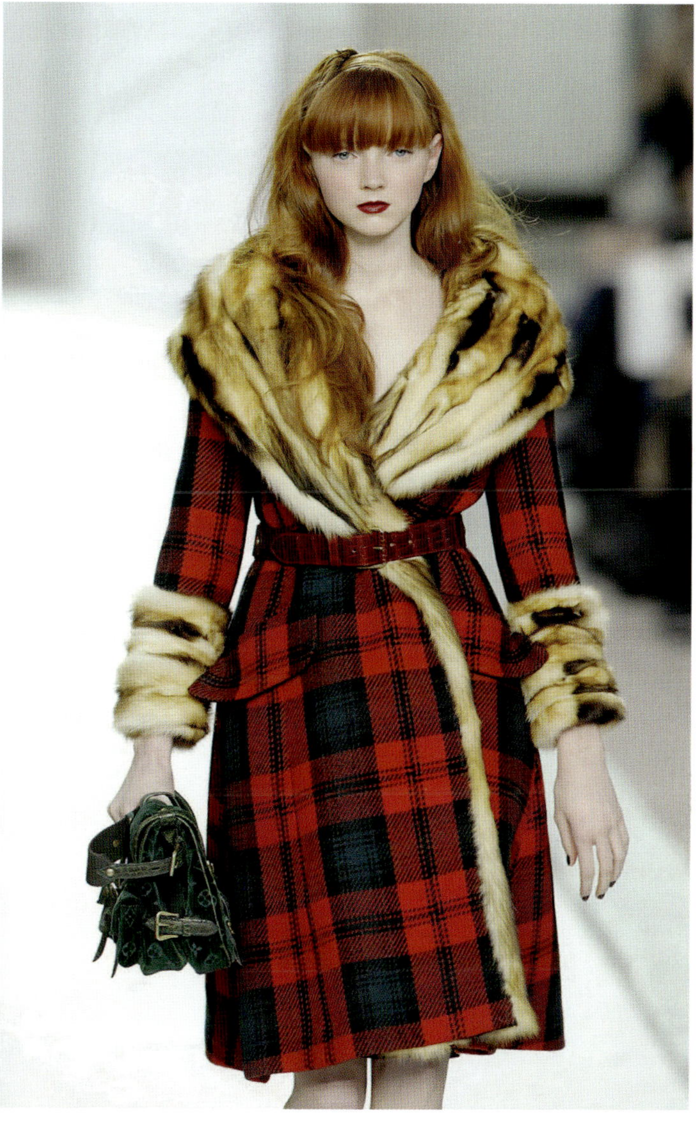

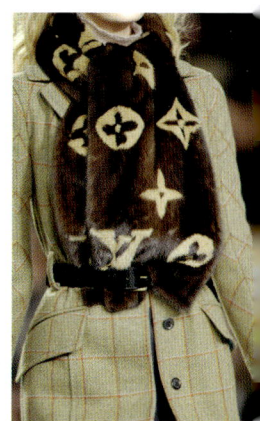

La modelo Lily Cole abrió la pasarela con un abrigo de tartán ajustado y cuello de piel. Arriba, una elegante estola de piel adornada con el Monogram.

PODER VISUAL

Los escaparates de Louis Vuitton son un elemento distintivo de la marca desde sus inicios. La tradición de crear escaparates artísticos comenzó con Gaston-Louis Vuitton, nieto del fundador, un apasionado del arte que vio en las vitrinas una forma de expresión creativa. Louis Vuitton se dedicó a diseñar escaparates visualmente impactantes que conectaran la estética de la *maison* con el arte contemporáneo de su época. La marca ha mantenido este legado y lo ha elevado a espectaculares instalaciones que ocupan fachadas y edificios enteros, colaborando con artistas y diseñadores de renombre para crear auténticas obras de arte.

Louis Vuitton transforma sus tiendas en obras de arte visual alrededor del mundo. Abajo, la fachada colorida de New Bond Street, en Londres. A la derecha, arriba, la colaboración con Yayoi Kusama en la tienda de los Champs-Élysées, en París, donde se ve una figura de la artista pintando sus icónicos lunares; abajo, una magnífica instalación dorada en la Place Vendôme resalta la majestuosidad del lujo.

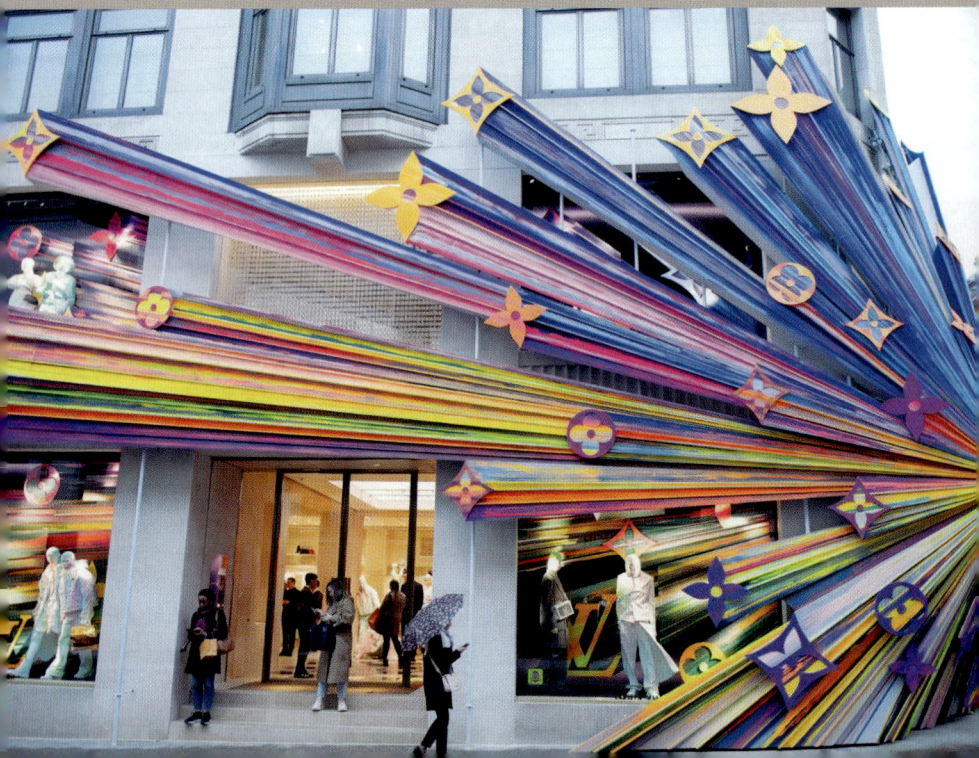

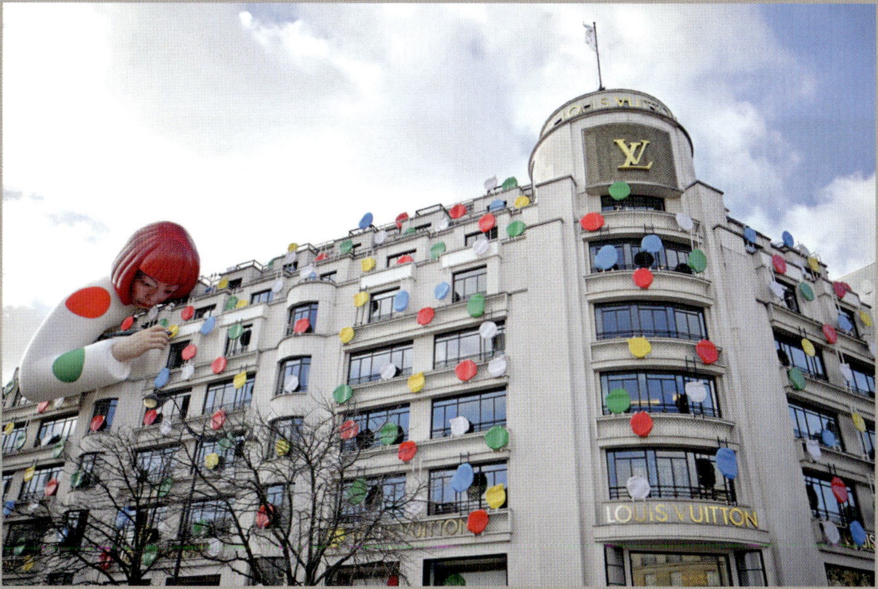
LOUIS VUITTON

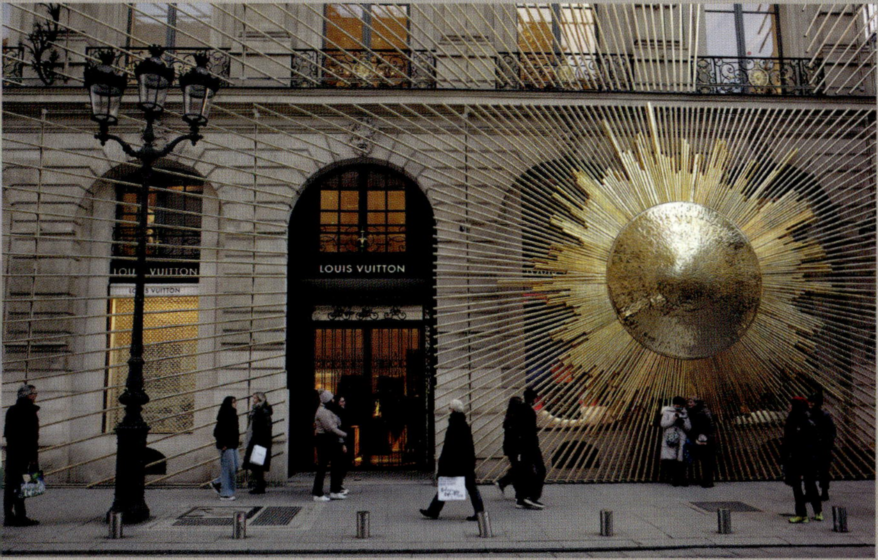
LOUIS VUITTON
LOUIS VUITTON
LOUIS VUITTON

donde Jacobs mostró su dominio con creaciones como vestidos trampantojo de seda y alpaca, faldas lápiz de *tweed* combinadas con chaquetas bómber de piel y detalles sutiles, como el Monogram de Louis Vuitton en bolsos de malla metálica.

Otro ejemplo de su talento para reinterpretar el lujo fue la colección Otoño-Invierno 2004-2005, inspirada en los paisajes de las Highlands escocesas. Jacobs logró que los tejidos tradicionales de tartán y telas rústicas, típicamente asociadas con el campo, se vieran juveniles y sensuales, algo que otros diseñadores habían intentado sin éxito esa misma temporada. Su habilidad para fusionar elementos históricos con un enfoque contemporáneo hizo de esta colección una de las más exitosas de su carrera en Louis Vuitton.

Pese a su constante evolución, Jacobs siempre mantuvo ciertos elementos en su estilo. Entre ellos, una referencia constante al glamur de la época dorada de Hollywood. En un sutil homenaje a las divas y los iconos del cine clásico, incorporaba detalles propios de la lencería de lujo, como bustieres, camisones y transparencias, enriquecidos con delicadas capas de encaje. Otro motivo recurrente eran las flores, a menudo transformadas en aplicaciones tridimensionales que aportaban textura y opulencia a sus diseños. Esta mezcla de sensualidad, nostalgia y refinamiento fue clave en sus años en Louis Vuitton.

En la colección Otoño-Invierno 2010-2011, Jacobs fue un paso más allá en su homenaje al cine clásico, inspirándose en la estética de Brigitte Bardot y en las divas de los años 50 y 60. La pasarela se llenó de modelos curvilíneas como Laetitia Casta, Elle Macpherson y Karolina Kurkova, rompiendo con los estándares habituales de belleza. Los diseños se centraron en resaltar la silueta femenina con cinturas ceñidas y faldas amplias, un estilo que combinaba la estética de la serie televisiva *Mad Men* con el toque afrancesado de la joven Bardot.

Pero, más allá de su fascinación por el glamur clásico, Jacobs seguía siendo un diseñador con raíces *grunge*, fascinado por las estéticas urbanas y subversivas, y esta dualidad dio lugar a una de sus propuestas más audaces para Louis Vuitton: su colaboración con el artista Stephen Sprouse en la colección Primavera-Verano 2001. Juntos, transformaron el icónico Monogram; una osada decisión que revolucionaría la imagen de la firma y abriría el camino a futuras colaboraciones con artistas contemporáneos.

MODA Y ARTE

Stephen Sprouse, diseñador de moda y artista visual estadounidense, era una figura clave en la escena artística de Nueva York, vinculado al espíritu rebelde del punk y la cultura callejera. Su estilo provocador difuminaba la frontera entre la moda y el arte urbano, especialmente los grafitis, lo que daba lugar a una estética *underground* que desafiaba las normas de la industria.

Los diseños de Sprouse eran inconfundibles: prendas desgarradas, con agujeros y manchas, siempre acompañadas de una paleta de colores estridente. Sprouse trabajaba con colores complementarios para generar contrastes impactantes, una marca distintiva de su estilo único, descrito por Simon Doonan, director creativo de la cadena Barneys New York, como «una especie de alta costura punk». Pero, a pesar de su indudable talento y su influencia en la escena artística, los problemas financieros habían frenado el crecimiento de su carrera en la moda.

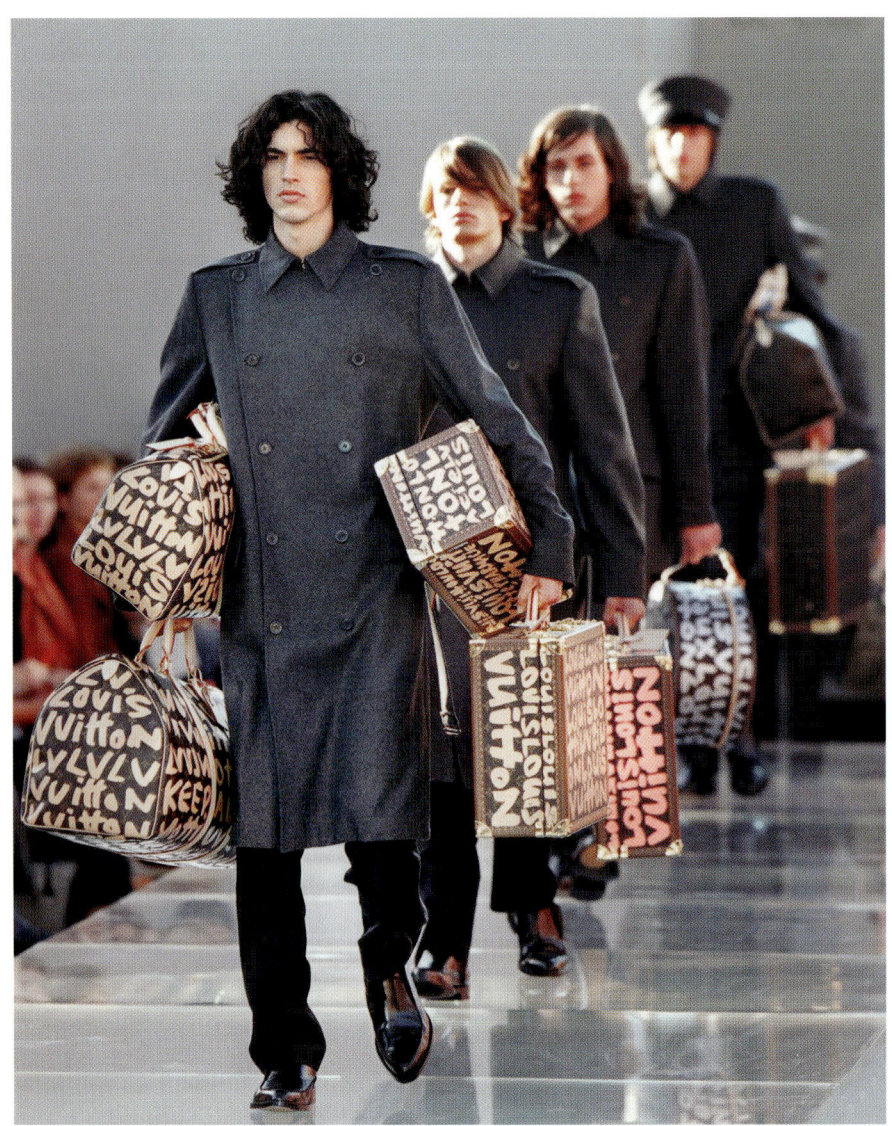

LOUIS VUITTON

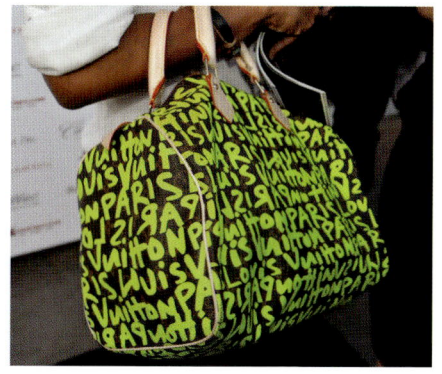
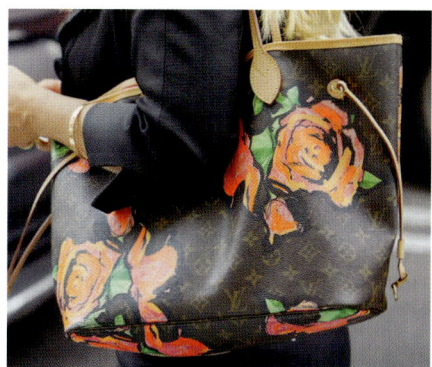

La invitación de Marc Jacobs a colaborar con Louis Vuitton marcó un giro crucial en la carrera de Stephen Sprouse. Tras años lidiando con dificultades económicas, esta colaboración le brindó una plataforma para regresar al primer plano. Por su parte, Sprouse aportó a Louis Vuitton una dosis de irreverencia que rompía con la herencia clásica de la *maison*. El fruto de esta unión fue una colección vibrante y atrevida, compuesta por bolsos «grafiteados» con la inconfundible caligrafía del artista en tonos eléctricos —lima, naranja o rosa—, que contrastaban con las prendas de aire militar que dominaban la pasarela.

Estos bolsos «grafiteados» se agotaron enseguida y marcaron un antes y un después en la imagen de Louis Vuitton. Lamentablemente, Stephen Sprouse falleció de cáncer en 2004.

Cinco años después, en 2009, Marc Jacobs lanzó la colección We Love Sprouse en homenaje a su amigo y colaborador. En ella, no solo reeditó los grafitis icónicos, sino que también introdujo por primera vez el motivo de las rosas, inspirado en unos bocetos que Sprouse había creado en 2001 pero se habían descartado. Este diseño, que presentaba rosas en tonos fucsia y

A la izquierda, desfile Primavera-Verano 2001, donde los modelos, vestidos como porteadores, llevan maletas y bolsos con el estampado de grafitis creado por Stephen Sprouse. Arriba, el diseño en colores neón y el emblemático Monogram con rosas de la colección We Love Sprouse.

naranja sobre el Monogram, se convirtió en uno de los más buscados y cotizados de Vuitton, y afianzó la colaboración con Sprouse como una de las más emblemáticas de la *maison*.

El éxito de la alianza entre Jacobs y Sprouse allanó el camino para nuevas colaboraciones artísticas en Louis Vuitton. En 2002, durante una exposición en la Fundación Cartier para el Arte Contemporáneo, en París, Marc Jacobs descubrió la obra de Takashi Murakami, cuyo estilo fusionaba arte pop, cultura japonesa y una estética lúdica, algo que captó la atención del diseñador. Murakami, conocido por su habilidad para mezclar lo comercial y lo artístico, ofrecía una perspectiva que conectaba muy bien con la visión de Jacobs de llevar el lujo a nuevos territorios. De ese encuentro nació la colección Primavera-Verano 2003, en la que Murakami transformó el Monogram de Louis Vuitton con su característico estampado multicolor. Fue un éxito inmediato.

La gama Monogram Multicolore, reconocible por su paleta de 33 colores sobre fondos blancos y negros, rompió con la combinación clásica de marrón y beis del Monogram original, y supuso una inyección de rotunda vitalidad a los accesorios de la *maison*. Además del Monogram Multicolore, Takashi Murakami introdujo estampados de cerezas y flores, integrando su desenfadado estilo *kawaii* en el universo Vuitton.

La siguiente colaboración llegó en 2007, esta vez de la mano del artista Richard Prince, conocido por su estilo provocador y su forma única de reinterpretar la cultura popular. Desde finales de los años 70, Prince trabajaba en la apropiación de imágenes de terceros, especialmente fotografías de anuncios y medios de comunicación, que manipulaba y descontextualizaba para cuestionar la originalidad y autenticidad en el arte. A través de su obra, ofrecía una mirada crítica y subversiva

La vibrante colección Primavera-Verano 2003, con los bolsos Monogram Multicolore de Takashi Murakami.

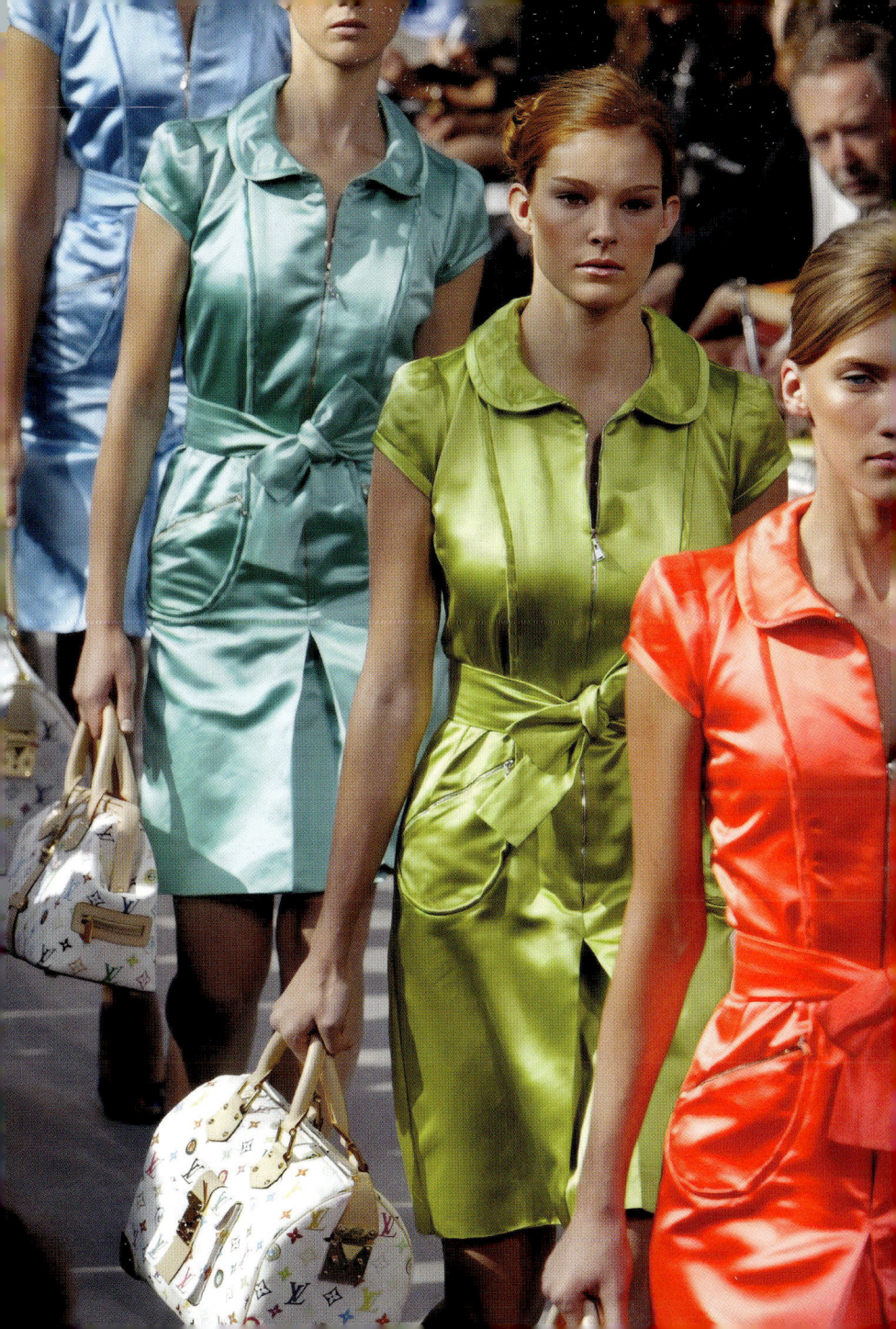

sobre la identidad y los estereotipos culturales, un enfoque que sigue desarrollando en la actualidad. Esta visión conectaba profundamente con Marc Jacobs y su deseo de llevar Louis Vuitton hacia terrenos más audaces e innovadores.

Jacobs, que ya era un admirador del trabajo de Prince y poseía varias de sus obras, contactó con el artista. Tomando como referencia la famosa serie *Nurse Paintings* de Prince, inspirada en las portadas de las novelas *pulp* de los años 50 y 60, crearon juntos la colección Primavera-Verano 2008. En la pasarela, las tenebrosas enfermeras con mascarillas sanitarias de Prince cobraron vida a través de *top models* como Eva Herzigova y Naomi Campbell, que desfilaron con uniformes quirúrgicos y gorras adornadas con letras que formaban el nombre de Louis Vuitton.

Sin embargo, el verdadero foco de atención estaba puesto en los bolsos, que presentaban la clásica lona Monogram reinventada a través de cuatro estampados creados por Prince: Jokes incorporaba chistes impresos; Pulp se inspiraba en las portadas de las novelas *pulp* de los años 50 y 60; Watercolor presentaba el clásico Monogram en tonos suaves y difuminados, como si hubiera sido pintado con acuarelas, y Spray Paint recreaba el efecto de pintura en aerosol.

La última colaboración de Marc Jacobs en Louis Vuitton fue en 2012, con la aclamada artista japonesa Yayoi Kusama, reconocida por sus obsesivas composiciones de puntos y patrones infinitos. Los característicos lunares de Kusama, símbolo de las alucinaciones que vivió desde su infancia y reflejo de su visión del infinito y de la autodestrucción, fueron colocados con precisión milimétrica en los bolsos y las prendas de Louis Vuitton. También protagonizaron una serie de llamativas intervenciones en los escaparates de todo del mundo.

En la colección Primavera-Verano 2008 de Louis Vuitton, en colaboración con Richard Prince, los bolsos destacaron por sus tonos difuminados y el uso de textos pintados, inspirados en las *jokes* características del artista.

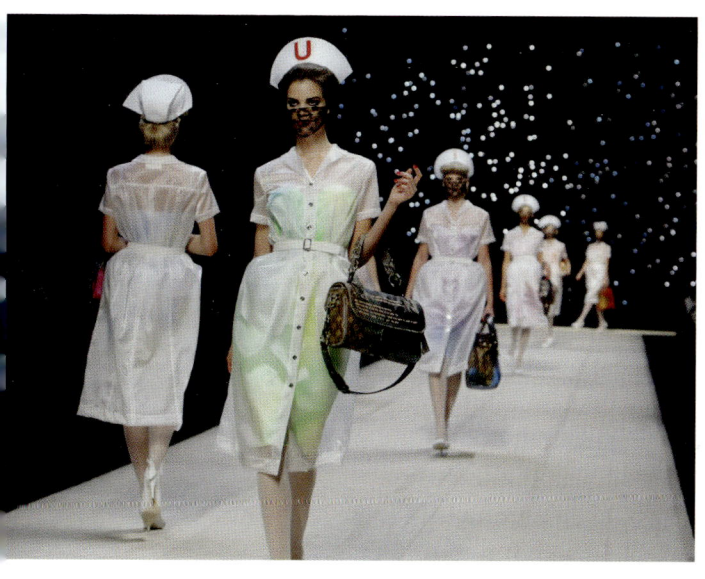

UN NUEVO LENGUAJE VISUAL

El genio de Marc Jacobs al frente de Louis Vuitton, lejos de agotarse en la creación de colecciones, también se manifestó en cómo la marca redefinió su forma de presentarse ante el mundo. Con él al frente, los desfiles de la *maison* se convirtieron en auténticos espectáculos y las campañas publicitarias dieron un giro importante para adaptarse a los nuevos tiempos.

Durante la década de 1980, las campañas fotográficas de *L'Âme du Voyage* habían modernizado y reforzado la imagen legendaria de la firma gracias a las impresionantes instantáneas de Jean Larivière, que contribuyeron a posicionar a Louis Vuitton como un símbolo de lujo y exploración. Pero con la llegada de Marc Jacobs, el enfoque cambió radicalmente; se dejó a un lado la herencia de la firma y se apostó decididamente por la contemporaneidad. Como expresó Anna Wintour en una entrevista para el libro *Louis Vuitton: El nacimiento del lujo moderno*, de Paul-Gérard Pasols: «Marc aportó a Vuitton un sentido del lujo verdaderamente moderno. Entendía cómo querían vivir ahora las mujeres (y los hombres), lo que significa que sabía que el lujo debía parecer más divertido, menos ostentoso o, a veces, incluso completamente exagerado».

La estrategia de Jacobs fue presentar Louis Vuitton como una firma de lujo contemporáneo, acercándola al mundo de las celebridades. Sus campañas adoptaron así un enfoque más actual, con protagonistas del mundo del cine, la música y la moda. Personalidades como Catherine Deneuve, Uma Thurman, Madonna, Angelina Jolie y Scarlett Johansson encarnaron a la heroína de Vuitton: una mujer misteriosa, moderna, elegante y, a la vez, esquiva.

La asociación de musas o rostros reconocibles con una marca de lujo era una estrategia habitual en la industria de la moda. Karl Lagerfeld lo había hecho con Chanel en los años 90, vinculando a supermodelos como Claudia Schiffer y Linda Evangelista al icónico legado de la *maison*. Marc Jacobs consideraba que era vital elegir figuras que no solo fueran famosas, sino que encarnaran el estilo y la actitud de su visión para Louis Vuitton. Personalidades como Sofia Coppola y Kate Moss se convirtieron en embajadoras clave, capaces de aportar esa mezcla de sofisticación, modernidad y toque de irreverencia que definió la era de Jacobs al frente de la marca.

En particular, Kate Moss protagonizó momentos memorables en los desfiles de Jacobs, como el cierre de la colección Otoño-Invierno 2011-2012, cuando apareció fumando en la

Madonna protagoniza la campaña publicitaria de Louis Vuitton para la colección Primavera-Verano 2009. Fotografía de Steven Meisel.

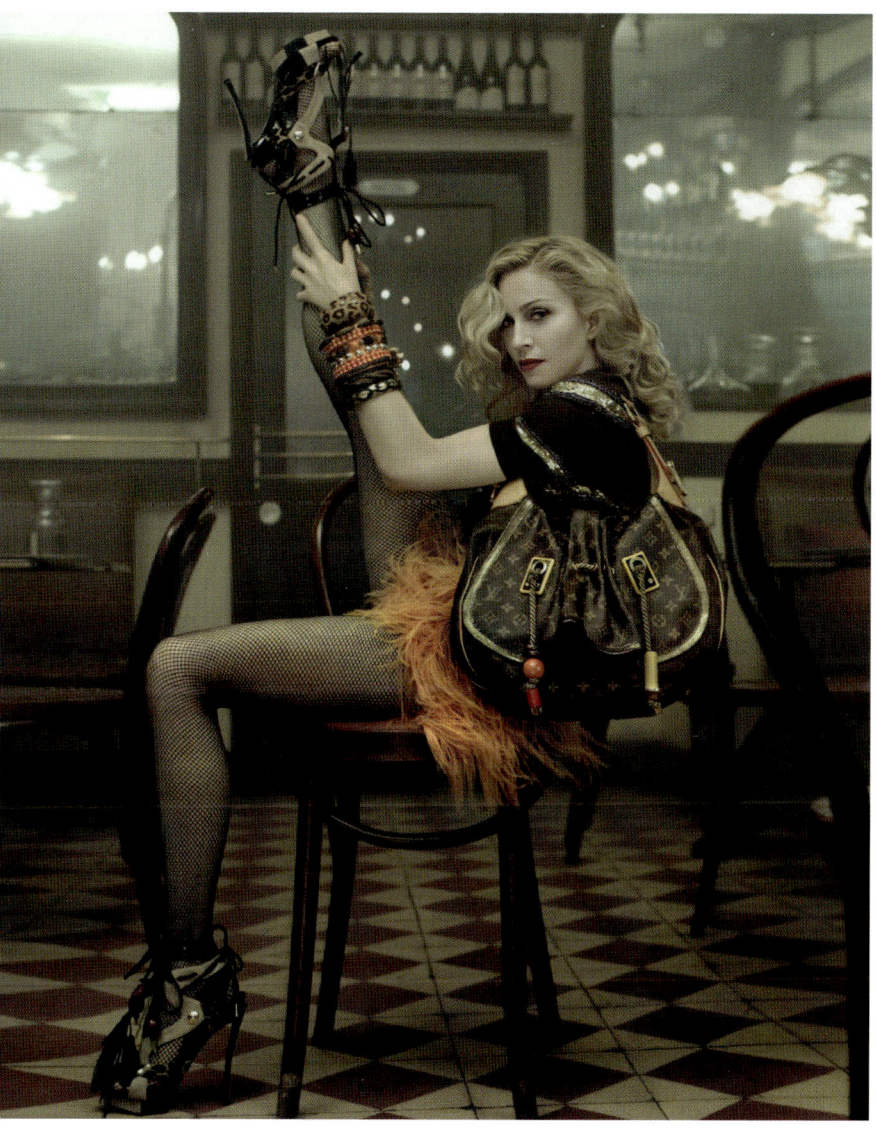

pasarela. Este tipo de acciones, muchas de ellas controvertidas, reflejaban la concepción de Jacobs de los desfiles como espectáculos que trascendían la moda y elevaban la narrativa de cada colección. En sus presentaciones, uno de los momentos más esperados de la Semana de la Moda de París, Jacobs siempre sorprendía con escenografías impactantes: fuentes de agua, pasillos de hotel, escaleras mecánicas, ascensores reales y, en una ocasión, incluso un tren de tamaño real.

Después de más de dieciséis años al frente de la *maison*, Marc Jacobs cerró su etapa en 2013 con un espectacular desfile en el Cour Carrée del Louvre, bajo una imponente carpa negra. Con claras referencias al siglo XIX, época de la fundación de la casa Louis Vuitton, y a los temas y las colaboraciones más icónicas de su trayectoria, la última colección de Jacobs para la firma estuvo marcada por la teatralidad inconfundible del creativo. Los enormes tocados de plumas, los volúmenes exagerados y las pedrerías añadían un aire de fantasía oscura, símbolo del fin de una era. Esta magnífica despedida marcó el inicio de un nuevo capítulo para la casa, con nuevos nombres destinados a escribir su futuro.

El último desfile de Marc Jacobs para Louis Vuitton estuvo marcado por la extravagancia, con un predominio del negro y de plumas que presagiaba el fin de una era.

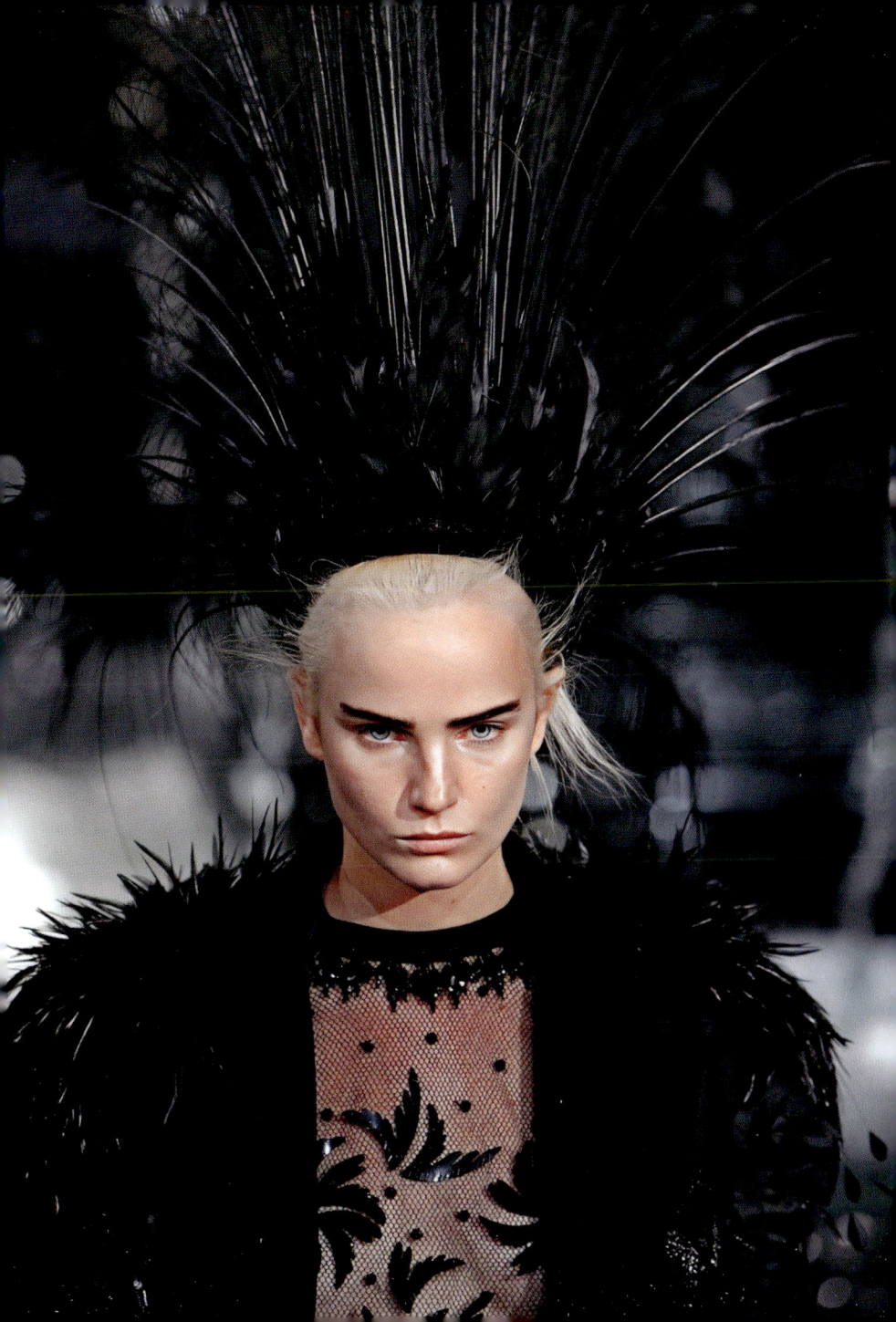

NUEVAS VOCES

En noviembre de 2013, un mes después de la salida de Marc Jacobs, se confirmó la elección de Nicolas Ghesquière como el nuevo director creativo de la división de mujer de Louis Vuitton. El diseñador emitió un comunicado pulido y discreto en el que expresaba su entusiasmo por unirse a la histórica *maison:* «Louis Vuitton ha representado para mí el símbolo del lujo, la innovación y la exploración. Me siento muy honrado por la confianza que se ha depositado en mí en esta misión y muy orgulloso de formar parte de la historia de esta gran casa. Compartimos valores y una visión».

Esos valores que Ghesquière compartía con Louis Vuitton, y en particular con el legado de Marc Jacobs, estaban profundamente ligados a la experimentación y la innovación. Nacido en 1971 en Loudun, un pequeño pueblo medieval en el oeste de Francia, Ghesquière se había adentrado en el mundo de la moda desde muy joven, al igual que Jacobs. Sin embargo, a diferencia de este, no había tenido un debut particularmente destacado, aunque sí había desempeñado roles prometedores, sobre todo en la firma Jean-Paul Gaultier, donde había trabajado como asistente del diseñador. Su éxito llegó en 1997, cuando Balenciaga le ofreció el puesto de director creativo para revitalizar una marca que estaba languideciendo y alejándose de su glorioso pasado. Era, como dijo el propio Ghesquière, «lo que muchos podrían llamar el peor puesto en la moda: diseñar uniformes y ropa para funerales japoneses».

El sarcasmo no era exagerado. Tras el retiro profesional de Cristóbal Balenciaga en 1968, la firma solo había permanecido activa en el mercado japonés. Los diseñadores Michael Goma y Josephus Melchior Thimister, que habían asumido la dirección creativa de la marca en 1987 y 1992 respectivamente, no habían logrado devolverle a Balenciaga la relevancia global que había perdido. Pero, a diferencia de sus predecesores, Nicolas Ghesquière sí superó con éxito el desafío, y su llegada a Balenciaga se convirtió en una de las colaboraciones más prolíficas y exitosas entre un diseñador y una casa de moda.

Basándose en el legado del fundador, Ghesquière exploró y reinterpretó elementos clave de la firma, como los característicos volúmenes arquitectónicos, sin caer en la nostalgia ni en una veneración rígida de la herencia. Su objetivo era conectar con una nueva generación de consumidores, y para lograrlo, sabía que era esencial crear algo completamente nuevo: mirar al pasado, sí, pero siempre con los ojos del futuro.

Nicolas Ghesquière en la pasarela de Louis Vuitton Otoño-Invierno 2024 durante la Semana de la Moda de París, en febrero de 2024.

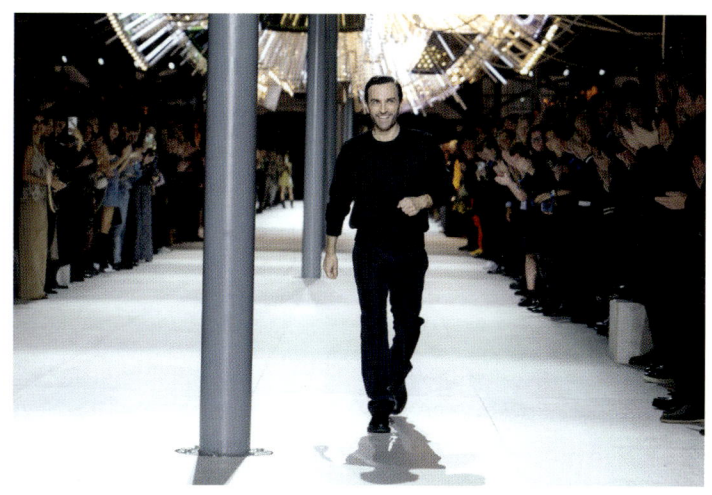

Un gran sentido de la modernidad, una técnica impecable y un exquisito dominio de los volúmenes fueron las herramientas con las que Ghesquière salvó a Balenciaga. Sus colecciones combinaban una innovación técnica asombrosa con una visión del diseño que rompía esquemas, manteniendo siempre un equilibrio entre lo funcional y lo conceptual, de modo que la marca se volvió sinónimo de contemporaneidad y vanguardia.

El punto álgido del éxito de Ghesquière en Balenciaga llegó con la creación de una de las piezas más icónicas y codiciadas de los años 2000: el bolso Lariat. Curiosamente, los ejecutivos de la firma no habían recibido esta pieza con entusiasmo. Las mismas características que definirían su éxito —el cuero con ligeras imperfecciones, la silueta desestructurada y una estética audaz, alejada del minimalismo que dominaba la década anterior— fueron vistas al principio como defectos. Se trataba de un bolso funcional, robusto y sin pretensiones concebido para ser usado en cualquier ocasión y transmitir una sensación de lujo relajado. Su falta de logotipo visible lo hacía aún más distintivo en una industria obsesionada con la exhibición de marcas. Esta propuesta disruptiva conquistó a varias figuras influyentes del mundo de la moda. Entre ellas, a Kate Moss, quien desató una verdadera fiebre por el Lariat al solicitar uno para ella tras ver un prototipo.

Sin duda, este éxito fue uno de los factores que llamó la atención de Arnault tras la partida de Jacobs. Louis Vuitton seguía siendo una marca fuertemente ligada a sus bolsos y artículos de viaje, y la capacidad de Ghesquière para crear un producto tan innovador y deseable lo convertía en el candidato perfecto.

EL FUTURO SEGÚN GHESQUIÈRE

Una de las primeras propuestas de Nicolas Ghesquière al unirse a Louis Vuitton fue reinterpretar el icónico baúl de viaje de la *maison* para adaptarlo a la moda contemporánea. Así nació el Petite Malle, un bolso que condensaba la esencia del clásico baúl en un formato mucho más pequeño, diseñado para llevarse como *clutch* o con una correa ajustable al hombro. El artículo debutó en la colección Otoño-Invierno 2014-2015, el primer desfile de Ghesquière para Louis Vuitton, al que asistieron personalidades como Charlène de Mónaco, Catherine Deneuve o Jean-Paul Gaultier, con quien Ghesquière había trabajado en sus inicios. La modelo Freja Beha abrió el *show* luciendo un abrigo de cuero negro y un vestido de línea A. En su mano sostenía lo que se convertiría en la pieza central del desfile y un éxito instantáneo: un minibaúl que, en su versión original, presentaba un acabado en piel rígida con detalles dorados. Desde entonces, el bolso Petite Malle se ha consolidado como un imprescindible de Louis Vuitton y ha sido reinterpretado en diversos colores y materiales.

A pesar de su habilidad para crear accesorios que se convertían de inmediato en piezas de culto, Ghesquière era, por encima de todo, un diseñador de moda. En ese primer desfile para Louis Vuitton, hizo gala del talento que lo había consagrado en Balenciaga: su capacidad para reinterpretar siluetas clásicas con un enfoque profundamente contemporáneo. En esta ocasión, la colección evocaba los años 60, pero la confección y el trabajo artesanal eran de vanguardia, pues utilizaban la última tecnología del siglo XXI.

El cuero, material pilar de la marca, se presentó de manera audaz en vestidos lenceros combinado con *tweed*, así como en abrigos, en los que paneles de cuero en diferentes colores se

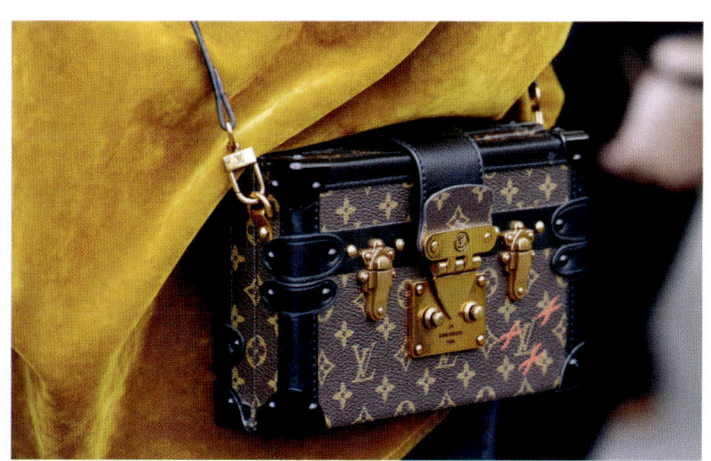

El bolso Petite Malle destacó por su innovador diseño compacto, combinado con la esencia de los icónicos baúles de la *maison*.

integraban junto a materiales de contraste. Todo en piezas muy ponibles y desenfadadas, con un aire de lujo deportivo y un marcado carácter contemporáneo.

Fue un debut impecable, en el que Ghesquière, con gran astucia, decidió dosificar su innovación, integrándola en los detalles para demostrar su profundo respeto y su absoluto conocimiento del legado de la *maison*.

En su segundo desfile, para la colección Primavera-Verano 2015, Ghesquière continuó explorando las siluetas de los años 60 pero esta vez con un enfoque más atrevido y audaz. El *show* comenzó con un clip de vídeo en el que algunas modelos recitaban frases tomadas, y adaptadas, de la película *Dune* (1984), dirigida por David Lynch, un guiño a la pasión de Ghesquière por la ciencia ficción. La frase «Un comienzo es un momento muy delicado» marcó el tono de una colección que equilibraba a la perfección el estilo retro con un aire futurista a través de trajes de terciopelo, minivestidos con lentejuelas, faldas a media pierna con cortes profundos en la parte delantera o botas con unos tacones elaborados en plástico de colores vibrantes y esculpidos con la forma de la flor del Monogram.

La siguiente colección, la Otoño-Invierno 2015-2016, marcó un giro decisivo en su dirección creativa para Louis Vuitton. Mientras que en las primeras propuestas había recurrido al pasado, inspirándose en las siluetas de los años 60 y 70 para reimaginar el guardarropa contemporáneo femenino, en esta se alejó claramente de ese enfoque nostálgico y llevó su exploración estilística hacia nuevos horizontes. Ghesquière abrazó con total plenitud su inclinación por la tecnología y el futurismo, y mostró sobre la pasarela prendas con acabados metálicos, como un traje pantalón en seda plateada combinado con

La primera colección de Ghesquière para Vuitton, la Otoño-Invierno 2014-2015, se caracterizó por el uso innovador del cuero. En este *look*, la falda de cuero se combina con *tweed*.

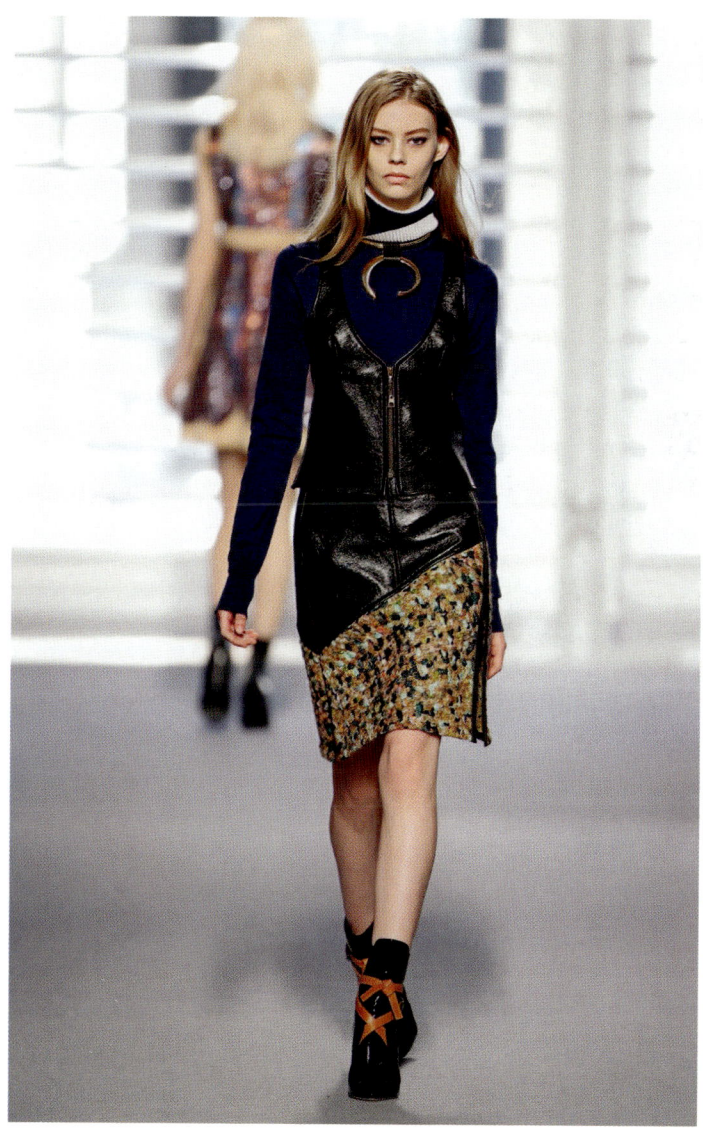

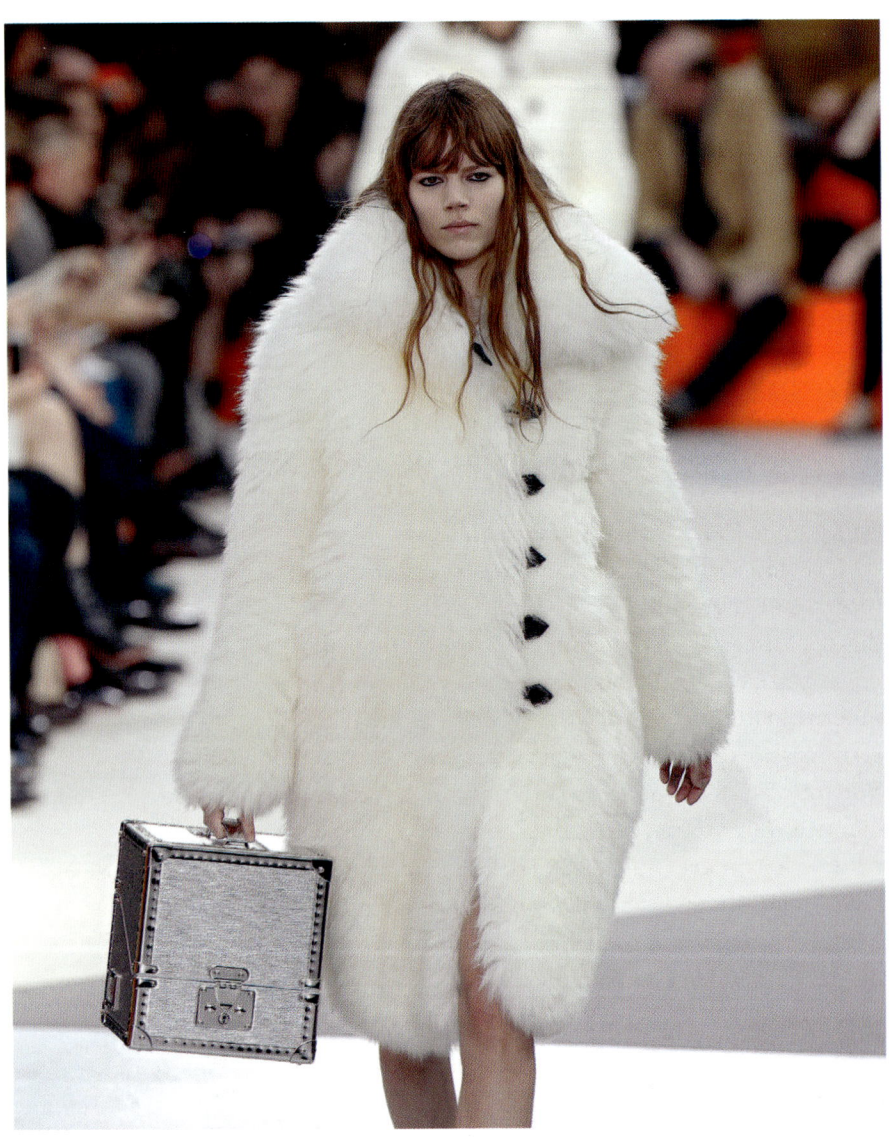

LOUIS VUITTON

una camiseta con logotipo, accesorios de cristal transparente y unos enormes abrigos blancos de piel de oveja que resultaban tan extravagantes como sorprendentemente funcionales.

Esta tendencia cobró aún más fuerza en la colección Primavera-Verano 2016. En ella, Ghesquière entrelazó con maestría su obsesión por el futuro con el espíritu de una *maison* que llevaba más de un siglo y medio en el negocio de los viajes. En la pasarela, se fusionaron técnicas y materiales artesanales con elementos de estética ciberpunk y referencias a una realidad digitalizada, como el anime *Evangelion* y la película *Tron: Legacy* (2010). Vestidos campesinos bordados, jerséis de punto y tops cortos estilo festival contrastaban con chaquetas *biker*, faldas bordadas con metal y cuero cortado con láser, creando una estética que *Vogue* calificó de «bohemia digital».

La colección Otoño-Invierno 2016-2017 continuó en la misma línea de reimaginar a la heroína Vuitton como una heroína digital, buscando inspiración en el universo tecnológico. Sin embargo, en la colección Primavera-Verano 2017-2018, Ghesquière dio un giro significativo al dejar de lado la estética futurista para explorar la faceta más clásica y sofisticada de Louis Vuitton. Esta búsqueda de sofisticación se reflejó especialmente en la sastrería, pero con el sello innovador característico de Ghesquière. Sus trajes presentaron cortes inusuales, como aberturas en los hombros y espaldas abiertas estilo capa, que aportaban un toque experimental a piezas que, de otro modo, habrían resultado demasiado clásicas.

En su siguiente colección, Ghesquière retomó un aspecto clave del ADN de Louis Vuitton: la mujer viajera y moderna. El diseñador conceptualizó a esta mujer como una profesional cosmopolita que busca un guardarropa funcional pero lujoso.

La colección Otoño-Invierno 2015-2016 destacó por los fabulosos abrigos de piel de oveja cepillada que abrieron el desfile.

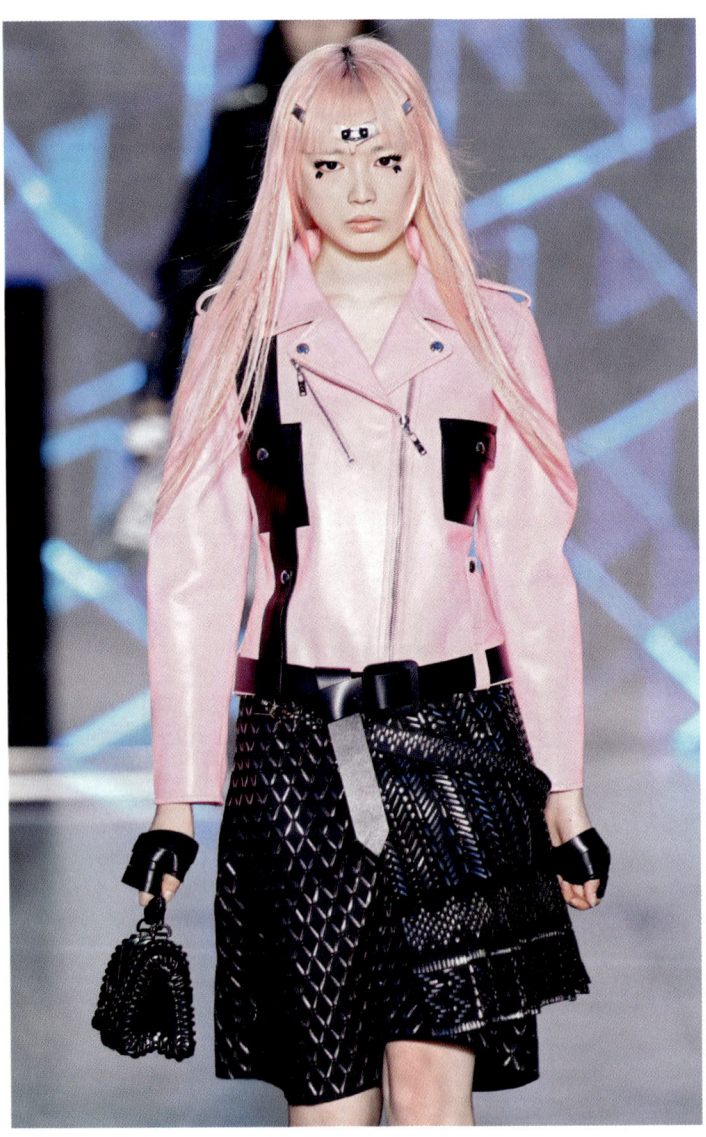

La colección Primavera-Verano 2016 fue una de las más audaces desde la llegada de Ghesquière a Louis Vuitton, inspirada en la estética futurista del filme *2046*, de Wong Kar-wai, y el anime *Evangelion* (izquierda). En la colección Otoño-Invierno 2016-2017, el diseñador exploró el concepto de una heroína digital al estilo del videojuego *Tomb Raider*, con piezas como este mono ajustado con mangas de piel (a la derecha).

LOUIS VUITTON

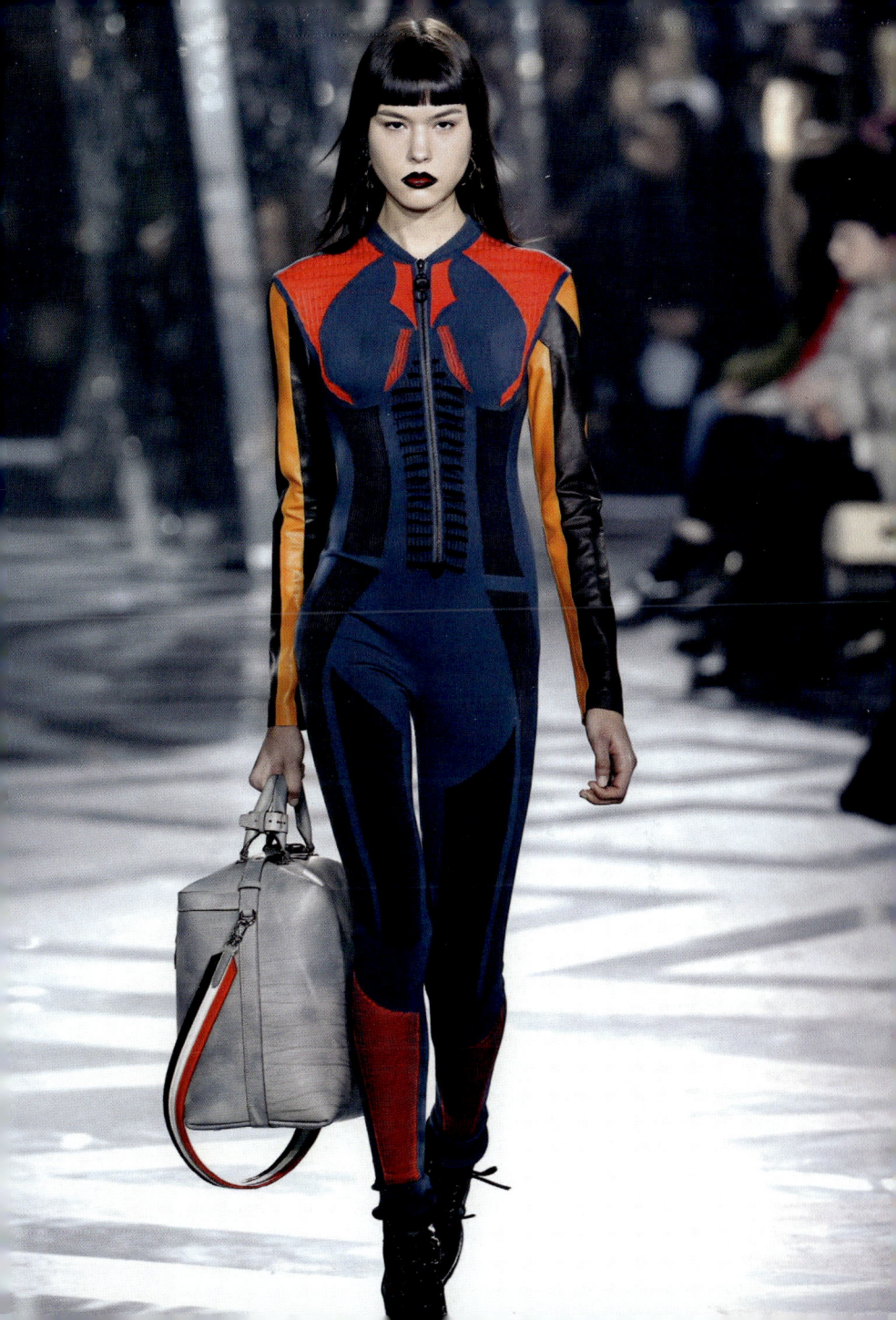

En esta propuesta, los tejidos gruesos, las botas con suelas ro-
bustas y los detalles refinados, como un abrigo de cuero impe-
cablemente pulido, capturaron el equilibrio perfecto entre la
practicidad y la elegancia. Esta búsqueda de reinterpretar lo
femenino sin encasillarlo en los estereotipos tradicionales continuó en la colección Primavera-Verano 2018, en la que Ghesquière combinó elementos del siglo XVIII, como levitas de
época, con piezas muy contemporáneas, ofreciendo una impecable fusión de referencias históricas, otra de sus señas de
identidad desde el comienzo de su etapa en Louis Vuitton.

Esta idea de una mujer polifacética conecta con una perspectiva más profunda que guio el trabajo de Ghesquière en

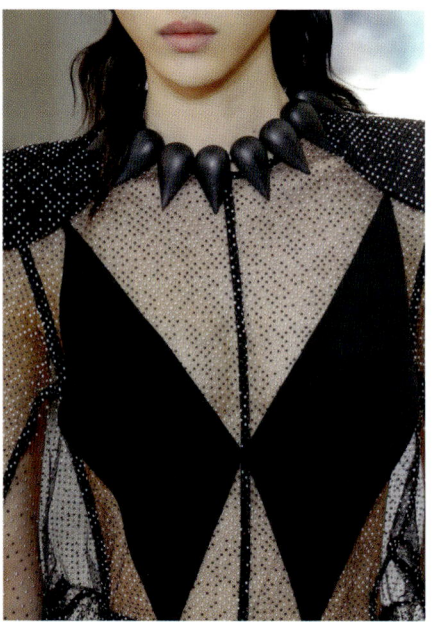
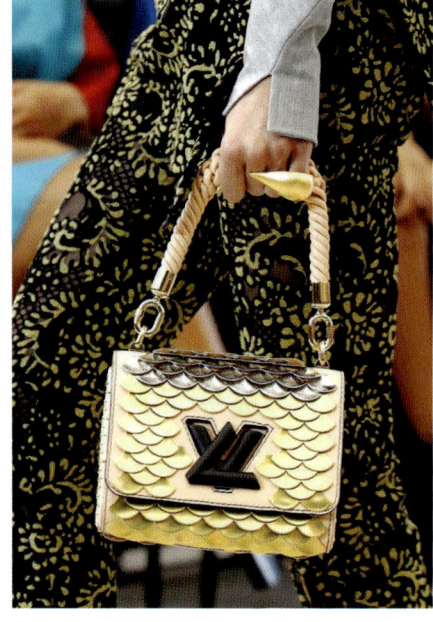

la *maison*. En una entrevista para *Exhibition Magazine*, el diseñador reflexionaba: «Durante mucho tiempo hemos asociado el guardarropa masculino con el poder. Muchas mujeres se han vestido como hombres para ser libres. La oposición a la hiperfeminidad también puede estar ligada al poder, a la libertad de elección. Hoy, vestirse de manera muy consciente como mujer, incluso de forma hipersexualizada, es una nueva forma de feminismo». Estas palabras resumen muy bien su enfoque en Louis Vuitton: no limitarse a un solo arquetipo de mujer, sino abarcar su diversidad, evitando los clichés y creando piezas que refuercen su poder y autonomía en todas sus expresiones.

Una de las manifestaciones más originales de esta visión de empoderamiento pudo apreciarse en la pasarela de Primavera-Verano 2019, en la que Ghesquière retomó las siluetas de los años 80 pero las actualizó con tejidos de alta tecnología como el caucho moldeado, mangas de trajes espaciales y estampados del Grupo Memphis (un colectivo de diseño fundado en Milán en la década de 1980). *Vogue* lo describió como «un guardarropa para la primera ola de viajeros de SpaceX». Para Ghesquière, sin embargo, la clave estaba en el mensaje: «En el último mes, la cuestión de qué significa ser mujer ha sido muy importante, así que esta vez quise que ese fuera el único criterio. No hay otra narrativa en esta colección, ninguna historia. Se trata solo de vestir a las mujeres para empoderarlas». Esta misma búsqueda se trasladó a la colección Primavera-Verano 2020, cuando Ghesquière coqueteó con la fluidez del género a través de prendas que desdibujaban la fina línea entre lo masculino y lo femenino, reafirmando su creencia de que la moda puede ser un espacio libre de barreras.

Detalles de la colección Primavera-Verano 2017, que apostó por una elegancia moderna y sofisticada, con vestidos transparentes y bolsos que reinterpretaban el monograma de la *maison* en clave contemporánea.

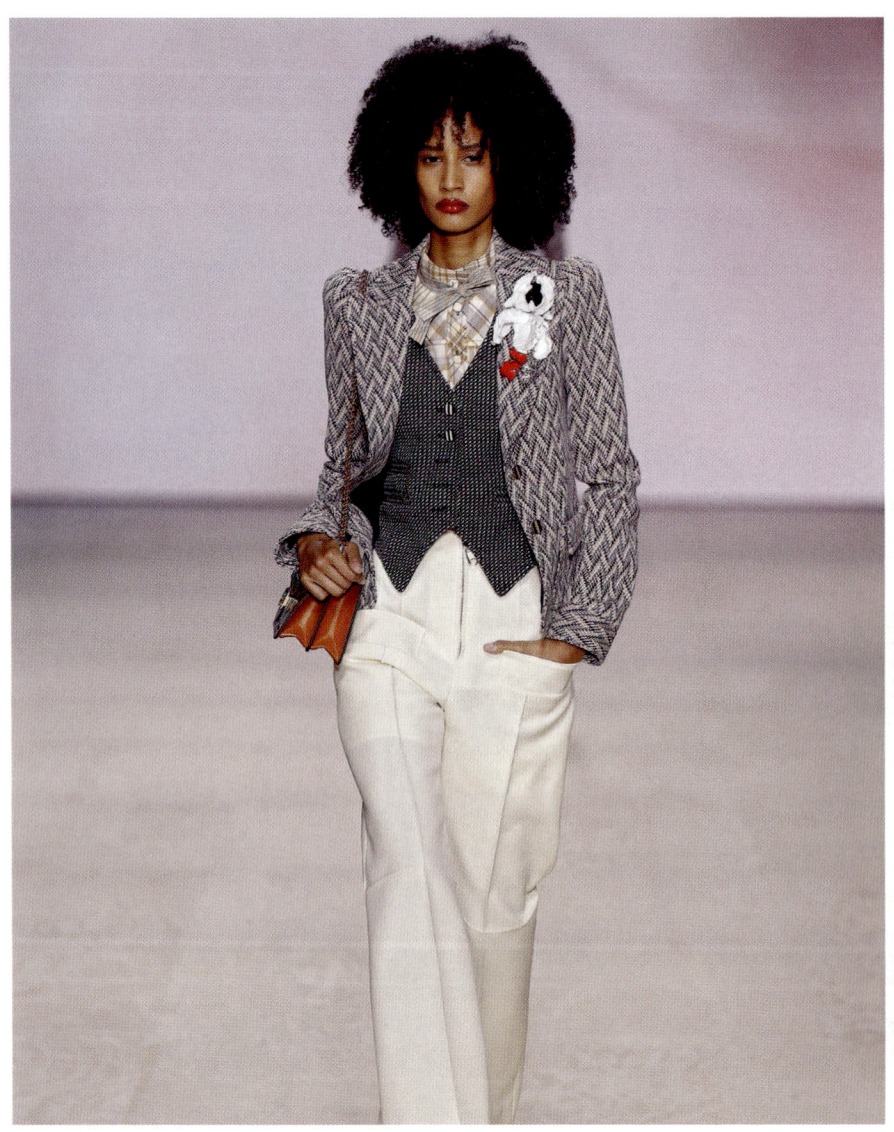

LOUIS VUITTON

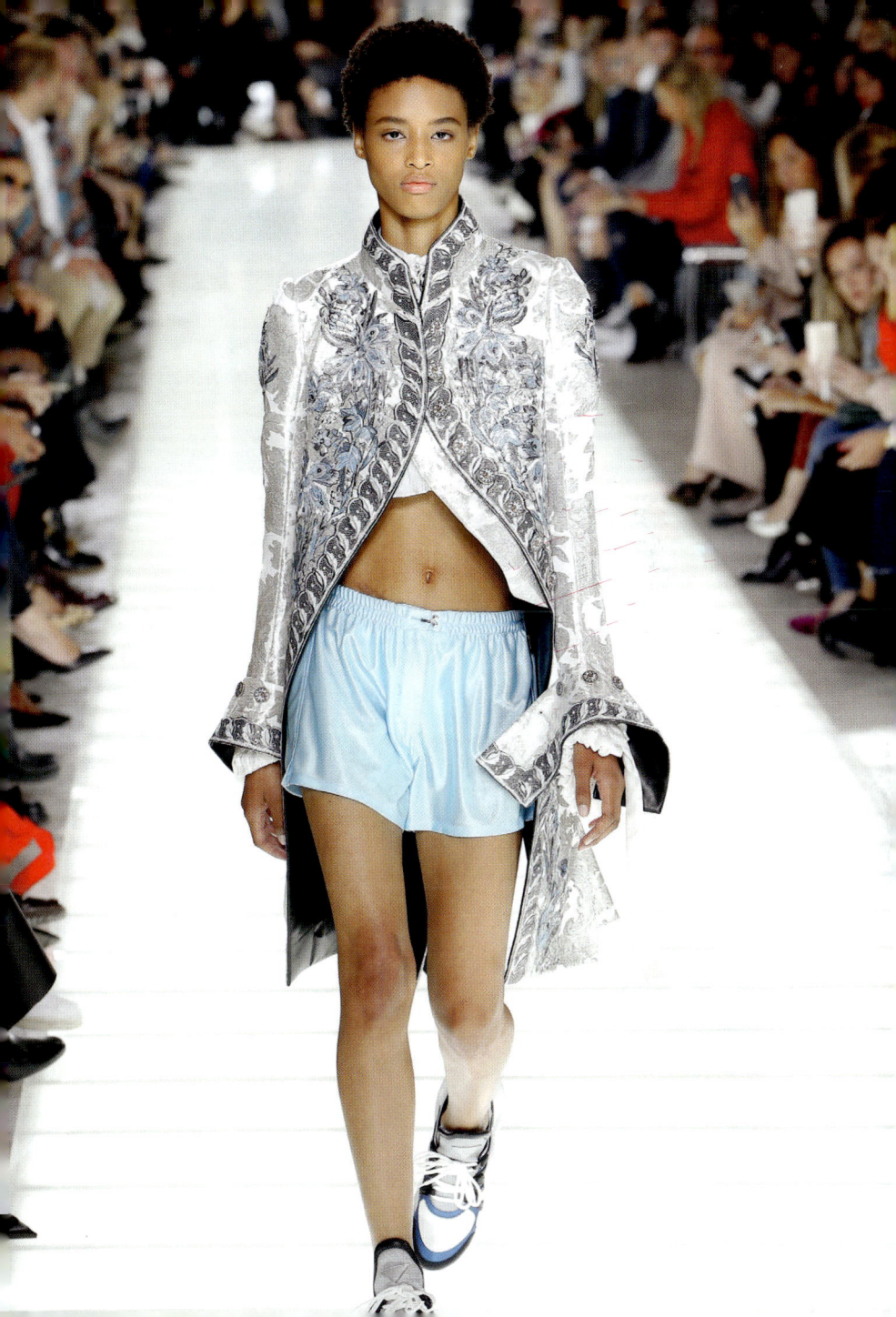

Tras renovar su contrato con Louis Vuitton en la primavera de 2019, Ghesquière sigue explorando nuevas formas de expresión a través de la moda, experimentando con las formas, los materiales y las proporciones. Sin embargo, lo que más destaca es su modo de abordar el alma de la casa: el viaje. Ghesquière explora este concepto en todas sus vertientes, desde las más abstractas y filosóficas hasta las más literales, manteniendo siempre el espíritu viajero que define a la *maison* Vuitton.

EL HOMBRE VUITTON

A pesar de que Louis Vuitton había lanzado su línea masculina en 2004, bajo la supervisión primero de Marc Jacobs y luego de Paul Helbers, no fue hasta el nombramiento del diseñador inglés Kim Jones, en 2011, cuando la marca realmente consolidó una identidad fuerte para su línea de ropa masculina. Jones aportó modernidad con influencias del *streetwear*, lo que dio lugar a colaboraciones icónicas, como la asociación con Supreme, la emblemática marca de *skate* neoyorkina.

La colaboración entre Louis Vuitton y Supreme se presentó en enero de 2017 durante el desfile de la colección Otoño-Invierno 2017-2018 de la Semana de la Moda de París y se transformó en un fenómeno sin precedentes. Los productos de edición limitada, que iban desde mochilas y maletas hasta accesorios inesperados como *frisbees* y monopatines, generó una demanda masiva a nivel global. Los artículos se agotaron casi al instante, y alcanzaron cifras astronómicas en el mercado de reventa. Este éxito expandió el concepto del lujo a una nueva audiencia y lo conectó con una generación más joven.

Páginas anteriores
A la izquierda, un *look* de la colección Primavera-Verano 2020 con un chaleco ajustado y un *blazer* de inspiración clásica, complementado por detalles contemporáneos que aportan un toque de frescura a la sastrería tradicional. A la derecha, imagen de la colección Primavera-Verano 2018, que aunó tradición y modernidad combinando levitas con brocados, pantalones de satén y zapatillas de deporte.

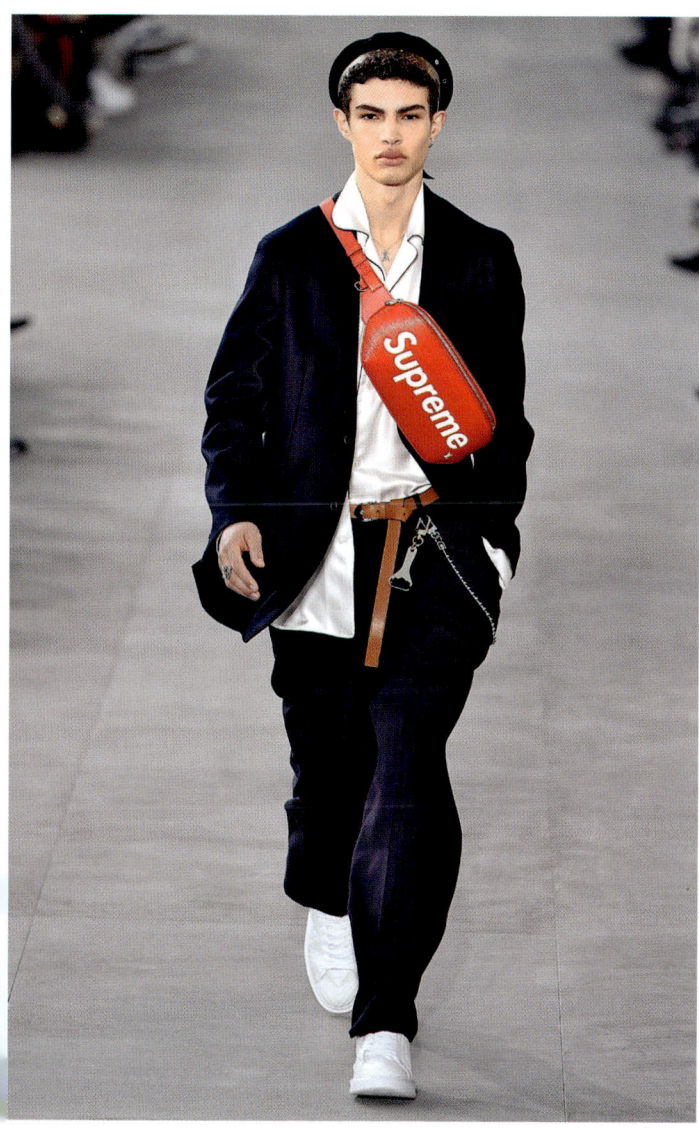

La colaboración
entre Louis
Vuitton y
Supreme,
presentada
en la colección
Otoño-Invierno
2017-2018,
presentó
piezas urbanas
altamente
codiciadas.

El siguiente paso en la consolidación de la línea masculina de Louis Vuitton se dio con el nombramiento de Virgil Abloh en marzo de 2018, tras la salida de Kim Jones. Abloh, afroamericano de padres ghaneses, era un auténtico hombre renacentista contemporáneo, con múltiples talentos que iban de la arquitectura a la moda. Graduado en Ingeniería Civil por la Universidad de Wisconsin y en Arquitectura por el Instituto de Tecnología de Illinois, Abloh también era estilista, DJ, y, sobre todo, una figura influyente entre los *millennials* y la generación Z.

Su incursión en el mundo de la moda comenzó en 2009, cuando fue nombrado director artístico del rapero Kanye West, y se afianzó cuatro años más tarde con el lanzamiento de su marca Off-White, que se convirtió rápidamente en un referente de la cultura *streetwear* y catapultó a Abloh como una de las figuras más influyentes de la moda contemporánea. Con este currículum, era inevitable que una firma como Vuitton se acabara fijando en él. Abloh representaba el futuro del lujo: inclusivo, juvenil, y profundamente conectado con el espíritu del momento.

La primera colección de Virgil Abloh para Louis Vuitton, la Primavera-Verano 2019, fue toda una declaración de intenciones, más política que estética. Abloh dejó claro su ideario de inclusión: todas las razas, nacionalidades, identidades y generaciones eran bienvenidas en esta nueva era de Louis Vuitton bajo su liderazgo. El mensaje no solo se hizo manifiesto en la diversidad del *casting* de modelos, sino también en la escenografía, con una pasarela en forma de arcoíris que simbolizaba la unidad y la diversidad global. Este arco multicolor también se materializó en los cientos de estudiantes invitados al evento, todos vestidos con camisetas de Louis Vuitton de distintos colores, que creaban un efecto de arcoíris en bloques.

El debut de Virgil Abloh en Louis Vuitton para la temporada Primavera-Verano 2019 destacó por impactantes conjuntos completamente blancos.

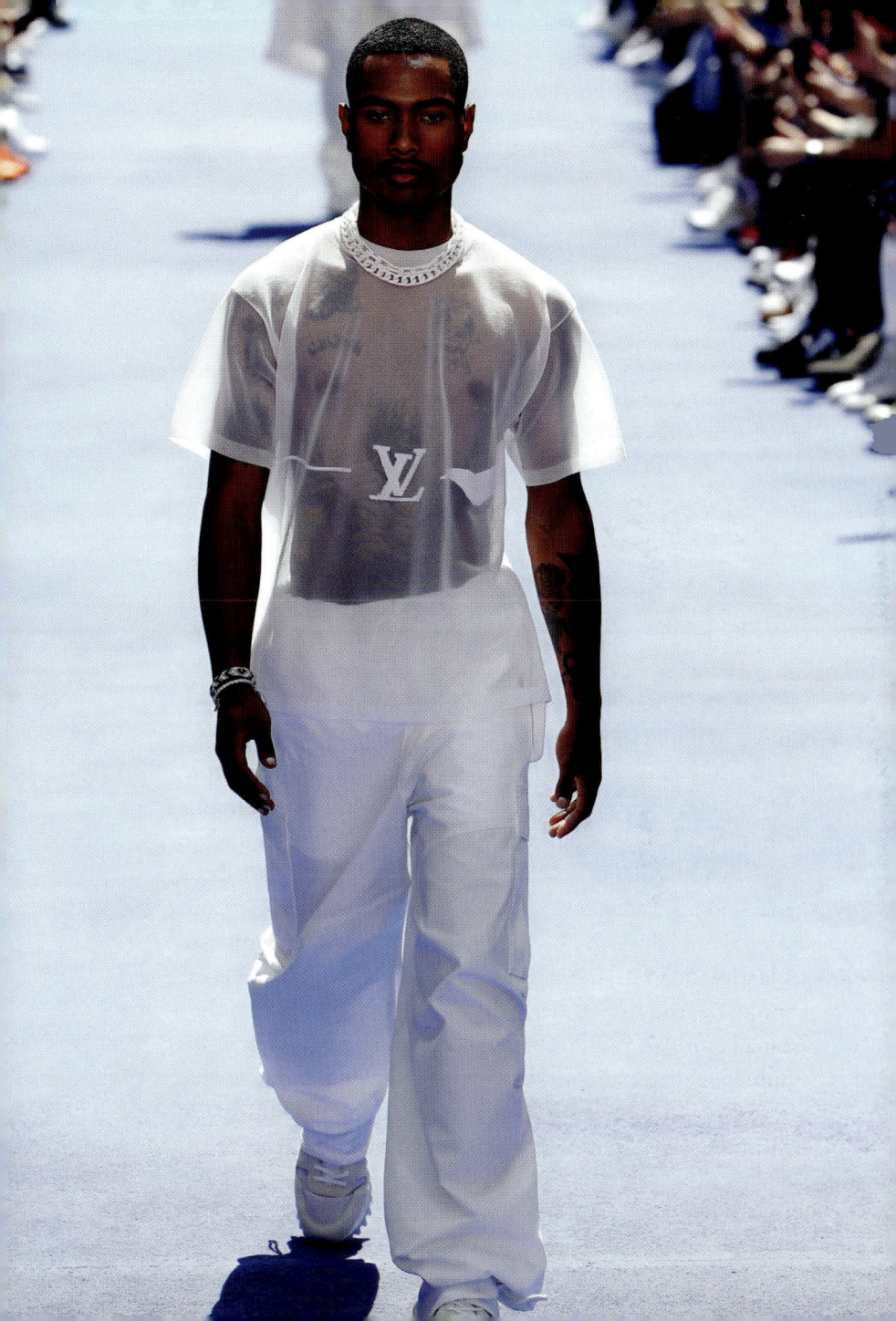

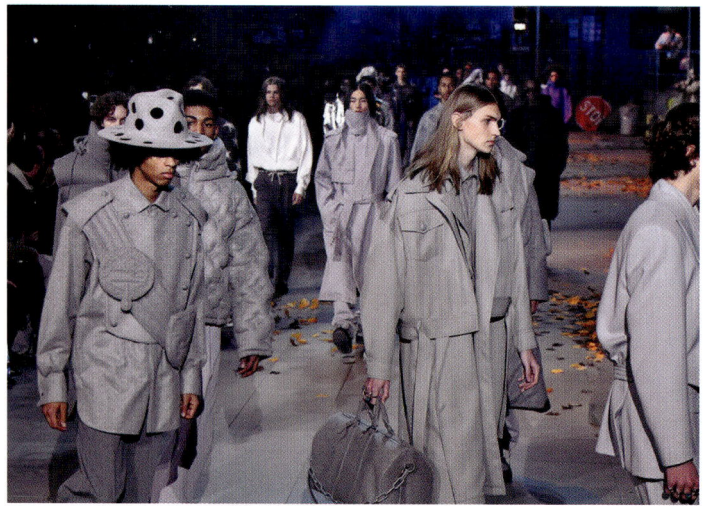

En el desfile Otoño-Invierno 2019-2020, Virgil Abloh reinterpretó los códigos clásicos del vestuario masculino con un enfoque contemporáneo y vanguardista.

De esta manera, el diseñador hacía partícipes del espectáculo a sus fans, cumpliendo así su promesa hecha en una entrevista con *Vogue* esa misma mañana antes del desfile: «Quiero que una generación joven entre y sepa que hay alguien aquí que los está escuchando y les está hablando».

Dar voz a las minorías fue, justamente, uno de los grandes logros de Abloh en su etapa en Louis Vuitton. Al frente de la línea masculina, logró que la marca, tradicionalmente asociada con el lujo clásico, conectara con un público más inclusivo y socialmente consciente. Esta visión, aplicada al terreno de la moda, se tradujo en colecciones que fusionaban tendencias diversas y rompían las barreras entre lo formal y lo casual.

En su colección Otoño-Invierno 2019-2020, Virgil Abloh desafió definitivamente las expectativas de quienes esperaban que se limitara a incorporar el *streetwear*. En su lugar, se centró en la sastrería, presentando una propuesta sofisticada: capas de trajes en tonos grises, chalecos largos bajo *blazers*, pantalones anchos y fluidos, o una cazadora bómber corta sobre una chaqueta sastre. Todo ello perfectamente coordinado, acompañado de bolsos a juego.

La colección Primavera-Verano 2020 supuso un nuevo giro de tuerca en la apuesta de Abloh por la alegría, la curiosidad y la positividad, elementos que contribuyeron a refrescar la imagen de Louis Vuitton y que atrajeron a una nueva generación de jóvenes consumidores que hacían fila en las puertas, deseosos de adquirir sus productos. La colección incluyó bordados florales en abrigos de tul, lujosas versiones de sudaderas hechas con chifón finamente plisado y sombreros de paja que, más que aportar un aire bucólico, aludían al valor de la artesanía y al trabajo manual.

Abloh, consciente de que el talento de un diseñador se agota al repetir fórmulas, cambió radicalmente su enfoque para el siguiente desfile. En lugar de insistir en la frescura y en la juventud, presentó una colección más reflexiva. «Este es el desfile número cuatro. En esta temporada no estaba interesado en seguir mi trayectoria actual, porque es entonces cuando se vuelve aburrido», confesó a *Vogue*. El resultado fue una colección centrada en los códigos de la vestimenta masculina, especialmente en el entorno laboral. En la pasarela, el diseñador presentó *looks* que reinterpretaban el concepto del traje de negocios, ofreciendo variaciones que desafiaban las convenciones clásicas. Los trajes eran estructurados, pero Abloh jugó con las combinaciones y los materiales. Mezcló cazadoras bómber sobre chaquetas sastre y presentó pantalones anchos y fluidos que rompían con las formas más rígidas típicas de la sastrería tradicional. Entre

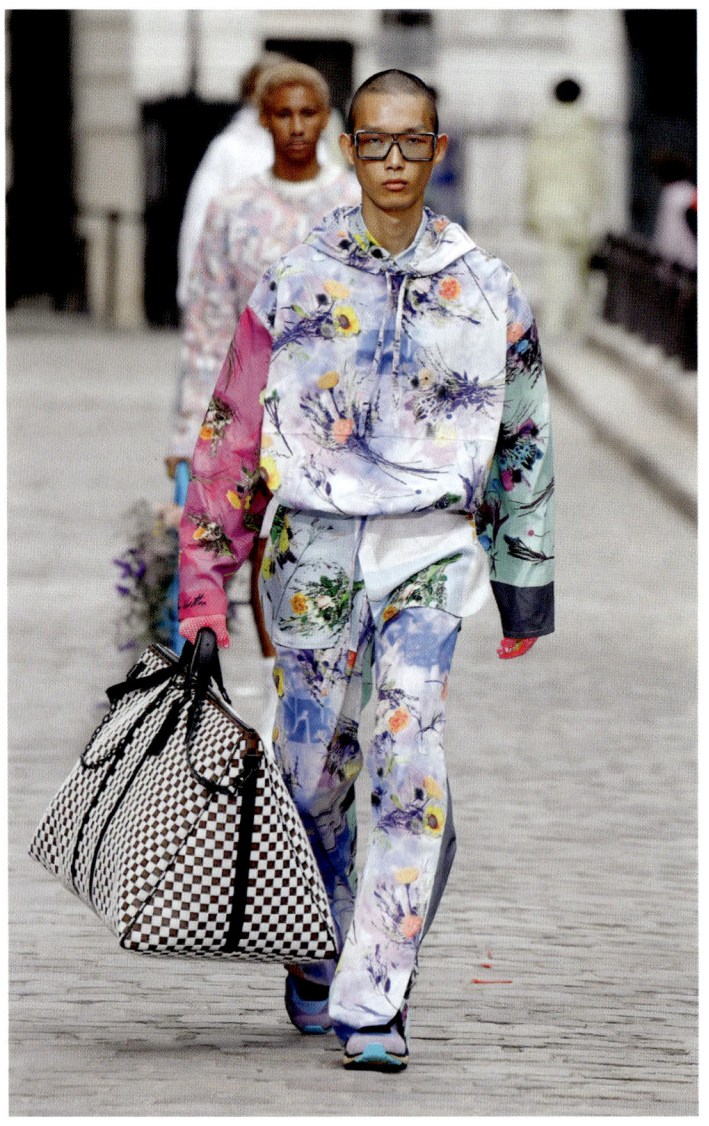

Abloh jugó con conceptos surrealistas y oníricos, incorporando motivos como flores exuberantes y nubes flotantes, y reinterpretando la sastrería clásica con un enfoque moderno y artístico que desafía las convenciones del lujo masculino, como pudo verse en la colección Primavera-Verano 2020 (izquierda) y en la colección Otoño-Invierno 2021-2022 (derecha).

LOUIS VUITTON

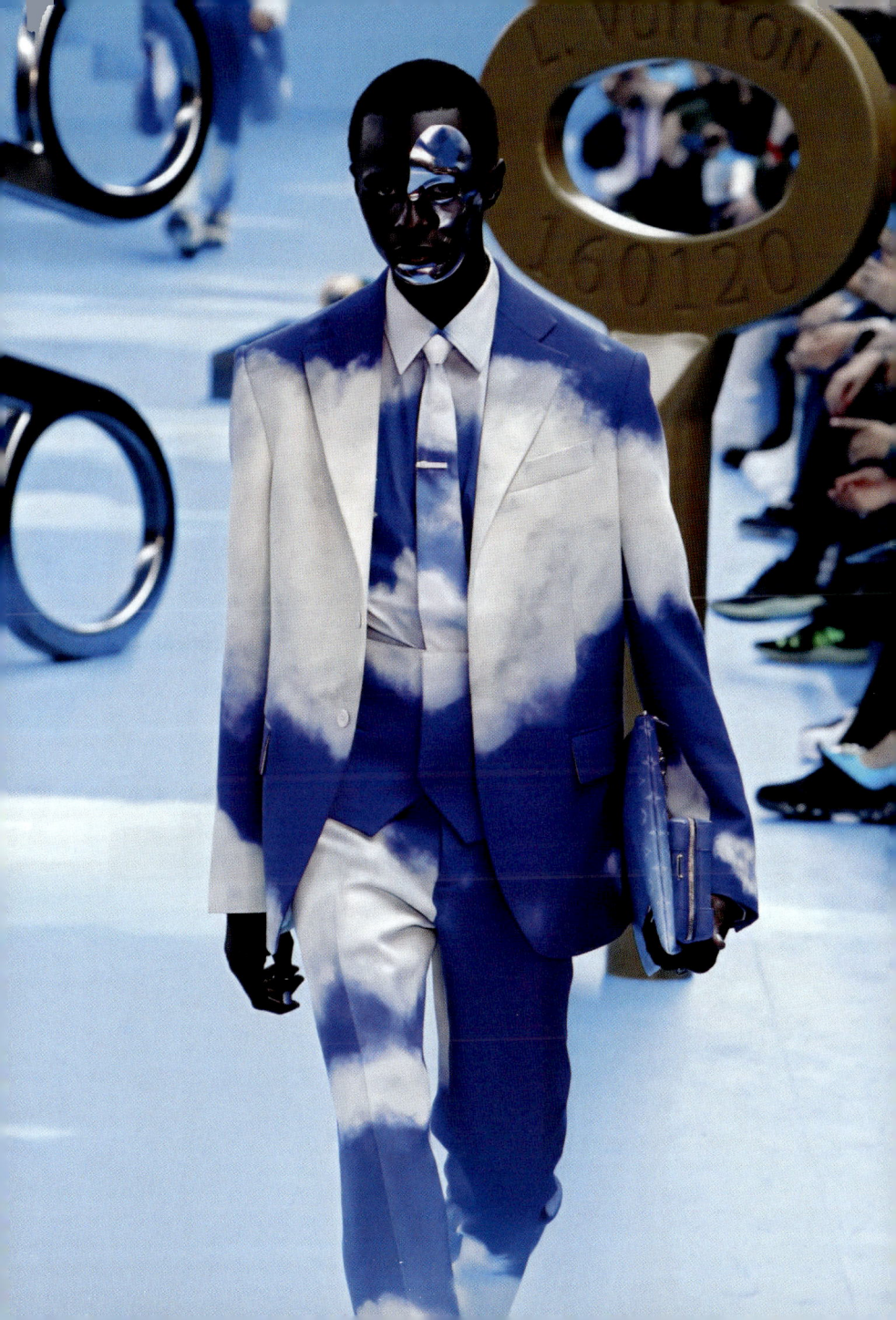

las piezas estrella destacó un traje con un estampado de nubes, un diseño surrealista que le aportaba un aire onírico a la colección y evocaba la mirada fresca y pura de un niño que explora el mundo, una encarnación de la auténtica *joie de vivre*.

La colección Primavera-Verano 2021, presentada en plena pandemia, fue descrita por el diseñador como «un país de las maravillas de inclusividad y unidad, que imagina el mundo a través de la visión no contaminada de un niño, aún no afectado por la programación social». El desfile, lleno de simbolismos y guiños a sus colaboradores y a su herencia cultural, marcó una despedida silenciosa: en noviembre de ese mismo año, Virgil Abloh falleció a causa de un cáncer. Sin que el mundo lo supiera, esta colección fue su adiós; un cierre perfecto que encapsulaba su legado visionario.

Ahora, con Pharrell Williams al frente como nuevo director creativo de la línea masculina de Louis Vuitton, desde febrero de 2023, el espíritu de creatividad, inclusión y conexión con la cultura popular continúa vivo. Siguiendo el legado de Virgil Abloh, Pharrell fusiona moda, música y arte para redefinir el concepto de lujo. En su debut con la colección Primavera-Verano 2024, los bolsos fueron los grandes protagonistas, con nuevas interpretaciones como la actualización del clásico estampado Damier en colores vibrantes y el extravagante Millionaire Speedy, una versión lujosa del icónico bolso, confeccionado en piel de cocodrilo amarilla, con el monograma en blanco, detalles en color tostado y acabados en oro amarillo. Una prueba de que el legado de Louis Vuitton, aquel joven hijo de campesinos del Jura, no solo sigue vivo, sino que se reinventa con cada generación, reafirmando su lugar como uno de los símbolos imperecederos de estilo.

Un retorno a los clásicos en la colección Primavera-Verano 2024, firmada por Pharrell Williams. El *look* evoca el legado de la *maison* a través de los tonos tierra y del icónico monograma, reinterpretado en un conjunto moderno con un toque nostálgico.

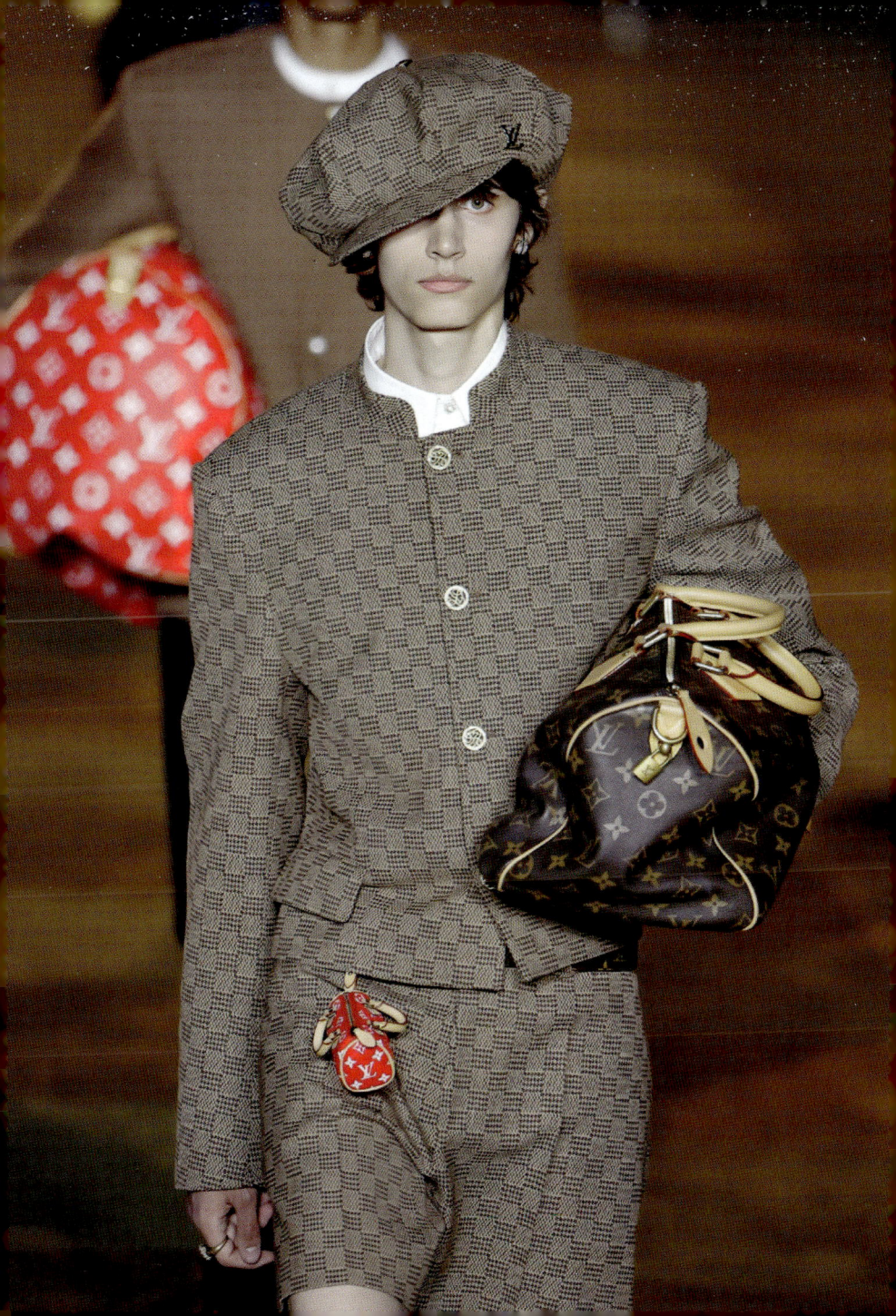

Diseño de cubierta e interior: Luz de la Mora
Asesoría de contenidos: Natalia Andrea Pérez
Hernández

Fotografías: Alamy, Archivo RBA, Estrop,
Getty Images

Realización: Editec ediciones

ISBN colección: 978-84-1057-883-8
ISBN (Volumen): 978-84-1057-887-6
Depósito legal: B 22714-2024
Impresión: Unigraf, S.L.
Calle Cámara de la Industria, 38,
28938 Móstoles, Madrid
Impreso en España — *Printed in Spain*

Para España:
Edita RBA Coleccionables, S.A.U.,
Avenida Diagonal, 189. 08019 Barcelona. España.
Distribuye: Logista Publicaciones,
C/Trigo 39, Polígono industrial Polvoranca
28914 Leganés (Madrid).
Servicio de atención al cliente y suscripciones
(solo para España): Para cualquier consulta
relacionada con la colección: Tel 910 920 132,
de 9 a 20 horas, de lunes a viernes.
E-mail de atención al cliente:
coleccionables@rba.es

Para Argentina:
Editada, publicada e importada por:
RBA EDICIONES ARGENTINA S.R.L.
Av. Córdoba 950 10 mo. Piso, C.A.B.A.
Distribuye en C.A.B.A y G.B.A.: Brihet
e Hijos S.A., Av. Presidente Julio A. Roca 781
1 er. Piso (1067), Ciudad de Buenos Aires.
Whatsapp: (11) 6700-7460.
Mail: ventas@brihet.com.ar
Distribuye en interior: Distribuidora General
de Publicaciones S.A., Alvarado 2118 C.A.B.A.
Whatsapp: (11) 5022-5086
Mail: circulacion@dgpsa.com.ar

Para Chile:
Edita RBA Coleccionables, S.A.U.,
Avenida Diagonal, 189. 08019 Barcelona, España.
Importado y distribuido por: El Mercurio S.A.P.,
Avenida Santa María N° 5542,
Comuna de Vitacura, Santiago, Chile

Para Colombia:
Edita RBA Coleccionables, S.A.U.,
Avenida Diagonal, 189. 08019 Barcelona, España.
Importado y distribuido por: Casa Editorial
El Tiempo, Av Cl 26 No. 68B-70
Bogotá. Colombia

Para México:
Editada, publicada e importada por RBA Editores
México, S. de R.L. de C.V., Av. Patriotismo 229,
piso 8, Col. San Pedro de los Pinos, CP 03800,
Alcaldía Benito Juárez, Ciudad de México, México
Fecha primera publicación en México:
Octubre 2025
ISBN: en trámite (Obra completa)
ISBN: en trámite (Libro)

Para Perú:
Edita RBA Coleccionables, S.A.U,
Avenida Diagonal, 189. 08019 Barcelona. España.
Distribuye en Perú: PRUNI SAC RUC 20602184065
Av. Nicolás Ayllón 2925 Local 16A El Agustino.
CP Lima 15022 – Perú
Tel. 51-991 685 395. Mail: suscripcion@pruni.pe